Bibliografische Information der Deutschen Nationalbibliothek
Die Deutsche Nationalbibliothek verzeichnet diese Publikation in der Deutschen Nationalbibliografie.
Detaillierte bibliografische Daten sind im Internet über http://dnb.d-nb.de abrufbar.

Für Fragen und Anregungen
frag@professor-money.de

Originalausgabe, 1. Auflage 2022

Impressum: www.professor-money.de/impressum
Redaktion: Sandro Fetscher, Christian Schüller
Korrektorat: Claudia Brandt
Layout, Satz: Stefan Häußler, www.stefan-haeussler.de
Illustrationen: Stefan Häußler, Ralph Golling, Andreas Delics unter Verwendung von Motiven von istock.com/basketman23
Abbildung Seite 51: Die Rechte der abgebildeten Markenlogos liegen beim jeweiligen Unternehmen selbst.
Druck: Best Preis Printing, Gilching

ISBN 978-3-9824363-0-2
Printed in Germany

PACKS AN!
WENN NICHT JETZT, WANN DANN?

Du möchtest dein Geld vermehren? Dann bist du hier goldrichtig!

INHALT

KAPITEL I

KAPITEL II

KAPITEL IV

KAPITEL V

Weshalb dich dieses Buch vermögend macht

»Ich kann dir nicht sagen, wie man schnell reich wird, ich kann dir aber sagen, wie man schnell arm wird: indem du nämlich versuchst, schnell reich zu werden.«

Mit diesem Zitat möchten wir dich herzlich begrüßen und gleichzeitig beglückwünschen. Du hast das richtige Hilfsmittel in der Hand, sofern du schnell und einfach alles über gewinnbringendes und vor allem sicheres Geldanlegen erfahren möchtest.

Stopp: Wenn du jetzt glaubst, du weißt sowieso schon alles, dann lege das Buch einfach wieder zur Seite. In diesem Buch spielt es keine Rolle, welche Vorbildung du hast, wie alt du bist oder welches Geschlecht du hast. Unsere acht Finanz-Kurzgeschichten sind lebendig und unterhaltsam zu lesen. Du wirst zahlreiche neue Erkenntnisse im Bereich der Wirtschaft und Geldanlage gewinnen. Vor allem bekommst du eine solide Grundlage, um das oft nervige Thema Geldanlage endlich zu verstehen und mit sicherem Gefühl anpacken zu können. Denn die Mehrheit der deutschen Bevölkerung hat ein schlechtes Bauchgefühl, wenn es um ihre abgeschlossenen Verträge und ihre finanzielle Zukunft geht. Die meisten Sparer sind einseitig informiert. Mit dem Wissen der ersten drei Kapitel dieses Buches ist Schluss damit. Die Kapitel IV und V darfst du als Zusatzinformation genießen. Wir bringen Licht ins Dunkel durch einfach verstehbare Finanzbildung. Du bekommst von uns eine Anleitung, wie du das gelernte Wissen Schritt für Schritt umsetzen kannst. Erfahrungsgemäß haben sich schon zu viele Menschen von Halunken und Hallodris blenden lassen. Oft mit schmerzlichen Erfahrungen, die noch bis heute nachwirken. Deshalb genießt die Finanzbranche mit ihren dazugehörigen Beratern bis heute einen zweifelhaften Ruf.

Jetzt bist du an der Reihe. Begleite die Gedankengänge und Schlussfolgerungen unseres Geldexperten Professor Money an einem für unsere Protagonisten richtungsweisenden Wochenende. Er erklärt das Rad der Wirtschaft und

wie wir alle davon profitieren können. Er klärt die Frage, warum sich der Deutsche beim Geldanlegen so schwertut, ob der Euro eine Zukunft hat und wie wir das Schuldendebakel lösen können. Erfahre durch das Schulprojekt der 17-jährigen Lisa das Wichtigste über die Wirtschaftskrisen des letzten Jahrhunderts und den technologischen Fortschritt der nächsten 520 Wochen. Erlebe, wie die beiden Jugendlichen Berti und Fritz ihren Eltern dabei helfen, kinderleicht ein Vermögenskonzept zu erstellen, das sogar Stammtischgesprächen standhält. Zum Schluss schreibt Professor Money über die Chancen und Möglichkeiten der nahen und fernen Zukunft. Er stellt dar, warum jeder Einzelne finanziell sorgenfrei in das kommende und goldene Jahrzehnt blicken kann.
Neben den spannenden Finanz-Kurzgeschichten findest du QR-Codes zum Scannen. Dahinter verbergen sich zusätzliche Informationen zum jeweiligen Thema, meist in Form eines Videos. Über die letzten zwei Jahrzehnte haben wir in Tausenden von Vorträgen und Gesprächen Menschen dabei geholfen, ihr Wissen zu erweitern. Nun wollen wir jedem dieses Expertenwissen zugänglich machen. Im Anschluss daran kann der Lerninhalt ganz einfach auf unserer Onlineplattform umgesetzt werden. Wir sehen uns als Brückenbauer zwischen der komplexen Welt der Finanzen und dem normalen Sparer und haben das Ziel, dich finanziell fit zu machen.

Viel Spaß dabei
Sandro Fetscher und Christian Schüller

Anleitung zum Scannen:
Halte die Kamera deines Smartphones auf den QR-Code. Dein Smartphone erkennt ihn und zeigt dir je nach Internetbrowser die Website an, die sich entweder automatisch oder per Klick öffnet. Sollte das Scannen nicht funktionieren, tippe ein: www.professor-money.de/b-wmrl

www.professor-money.de/b-wmrl

Danke!

Die zahlreichen positiven und begeisterten Rückmeldungen von Lesern meines ersten Buches haben mich motiviert, mit meinem Freund und Geschäftspartner Christian Schüller ein zweites Buch zu schreiben. Offensichtlich haben wir den Nerv der Zeit getroffen. Uns wurde bestätigt, dass der einfache und verständliche Schreibstil unterhaltsam ist und zugleich den wichtigsten Lerninhalt zum Thema Geldanlegen vermittelt. Dafür möchten wir allen bisherigen Lesern danken und freuen uns auf viele weitere Kommentare. In gleichem Maße sind wir allen dankbar, die bei der Erstellung unseres interaktiven Buches mitgewirkt haben. Stefan Häußler für Konzeption, Gestaltung, Illustration, Ralph Golling und Andreas Delics mit ihrem Kreativteam für die Onlineplattform und die Comic-Animationen unserer Videos. Umgeben von so viel geballter Kompetenz macht es uns besonders viel Spaß, Innovationen ins Leben zu rufen.

Nicht zu vergessen ist der persönliche Rückhalt unserer Familien, die uns den Freiraum gaben, Visionen, Ideen und Strategien unzählige Male zu diskutieren und zu Papier zu bringen. Wir sind stolz, mit unseren Freunden, Kunden und Partnern unser Projekt Professor Money weiterzuentwickeln und den Menschen zu einem finanziellen Aufbruch zu verhelfen. Die Finanzrevolution hat bereits begonnen.

Danke für die vielen positiven Rückmeldungen!
BANK
VERSICHERUNG
1
2
3
RECHNE MIT PROFESSOR MONEY

Die Personen

Fred
Familienvater
43 Jahre

Susi
Freds Frau
43 Jahre

Oma Frieda
Susis Mutter
67 Jahre

Lisa
Fred und Susis
Tochter, 17 Jahre

Berti
Fred und Susis
Sohn, 16 Jahre

Fritz
Fred und Susis
Sohn, 14 Jahre

Leo Lebemann
Freds alter
Schulfreund

Reiner Redlich
Fred und Susis
Nachbar

Rudi Rastlos
Rasender
Reporter

Uropa Otto
Susis Opa,
94 Jahre

Felix von Freudenreich
erfolgreicher Unternehmer
und Millionär

Professor Money
Coach für Glück
und Geld

Wo stehen wir wirklich? – Eine Bestandsaufnahme

Samstag, 05:30 Uhr: Professor Money sitzt völlig übermüdet in seinem Geldlabor am Schreibtisch. Wieder hat er eine Nacht durchgearbeitet und keine Stunde geschlafen. Es lässt ihm einfach keine Ruhe. Die Deutschen und ihr liebes Geld. Er macht sich große Sorgen um die derzeitige und zukünftige finanzielle Lage seiner Mitbürger. Als Geld- und Wirtschaftsforscher will er selbstverständlich herausfinden, warum die breite Mehrheit der Bevölkerung seit Jahrzehnten tatenlos zusieht, wie ihr Geld immer weniger wert wird. Gleichzeitig will er den Sparern dabei helfen, nicht nur ihr Finanzwissen zu erweitern, sondern ihre grundlegende Wahrnehmung zum Thema einfache und sichere Geldanlage zu schärfen. Denn nur durch Selbsterkenntnis ist der fleißige deutsche Sparer emotional sowie rational in der Lage, das gelernte Wissen aus tiefer Überzeugung umzusetzen. »Wenn die Leute nur das wüssten, was ich weiß, wäre ihre finanzielle Zukunft gesichert«, resümiert der Professor mit verzweifelter Miene. Höchste Zeit für eine Bestandsaufnahme der Situation. Im Folgenden lässt sich Professor Money in seine Gedanken schauen und bringt sie zu Papier.

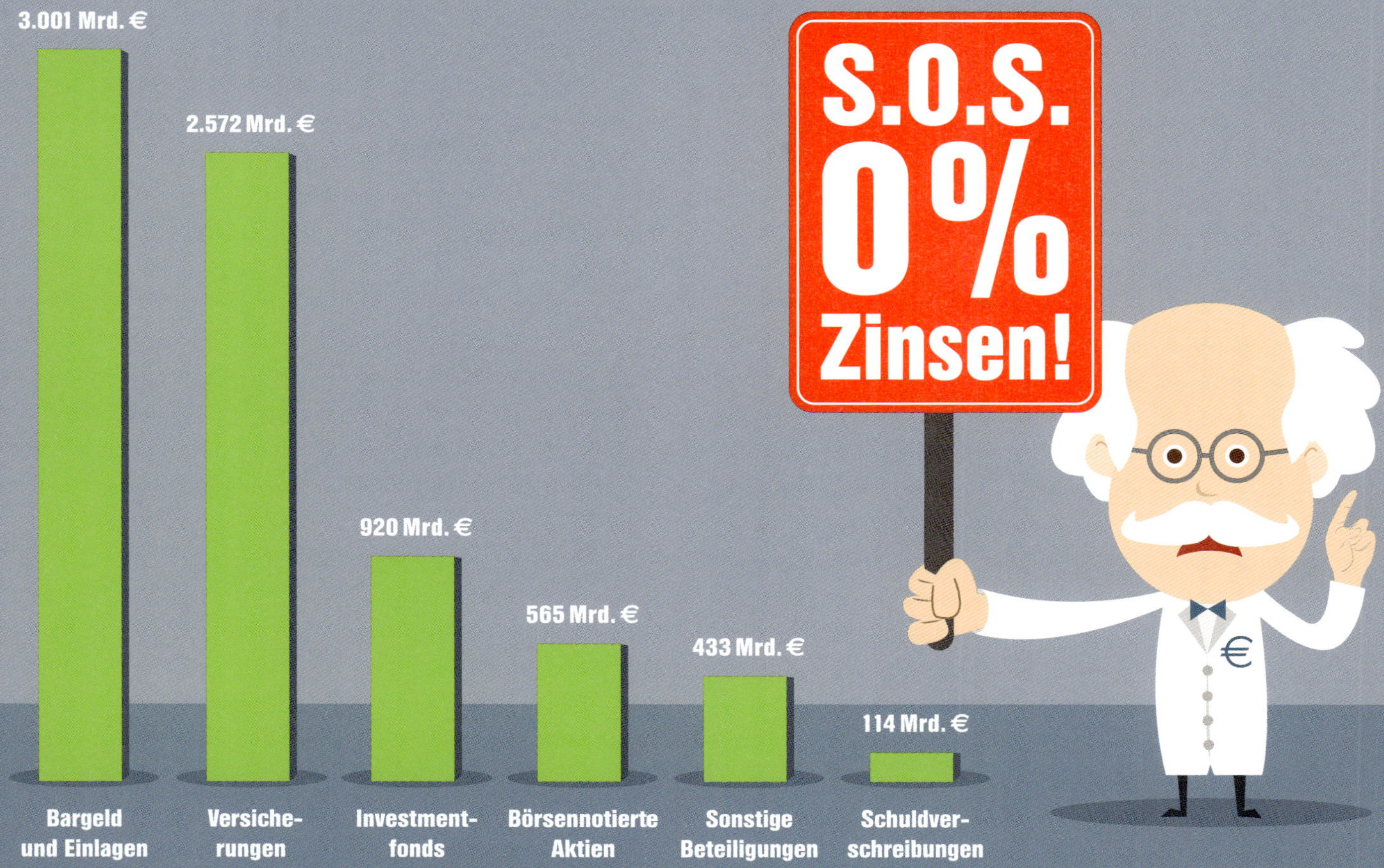

Das Geldvermögen der Deutschen 2021, Quelle: Deutsche Bundesbank, Q4/2021

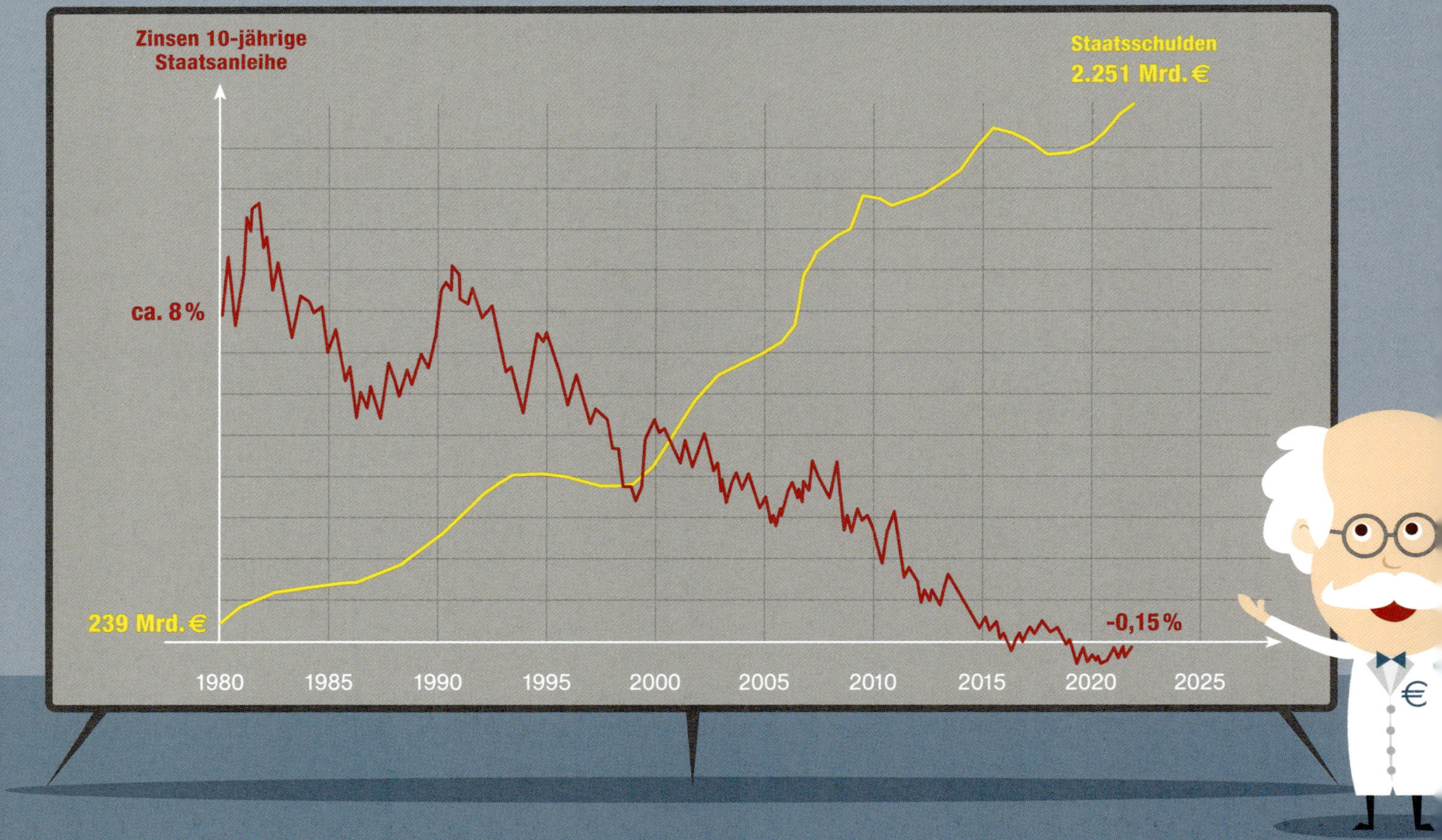

Entwicklung der Staatsverschuldung und der Rendite der 10-jährigen Staatsanleihen in Deutschland
Quelle: Statistisches Bundesamt

Eine Welt ohne Zinsen – für immer?

Samstag, 06:00 Uhr: »Wie erkläre ich den Leuten nur, dass es ohne Verluste nie wieder Zinsen geben wird«, denkt Professor Money. Jeder Pilot weiß, dass es ab einer bestimmten Geschwindigkeit des Flugzeugs kein Zurück mehr gibt. Dafür ist die Startbahn zu kurz. Die großen Zentralbanken dieser Welt haben den Zinshebel mit vollem Schub auf null und negativ gestellt. Staaten, Unternehmen und auch Privatpersonen haben sich daran gewöhnt und sich günstig verschuldet. Bei einem plötzlichen signifikanten Zinsanstieg wären die maroden Staatshaushalte und viele Unternehmen nicht mehr zahlungsfähig und es käme zu einer epochalen Bruchlandung. Erfahrungswerte, wie es zu einer sicheren Landung kommen kann, gibt es bisher nicht. In Japan ist das Notenbankexperiment bereits im 25. Jahr. Denn dort wurden die ***Leitzinsen*** [1] seit 1995 kontinuierlich auf unter 1 % gedrückt. Das war die dringende Reaktion auf den jahrzehntelang anhaltenden Wirtschafts- und Immobilienaufschwung, der nach dem Zweiten Weltkrieg zu einem Anstieg der Aktien- und Immobilienpreise um mehrere Tausend Prozent geführt hatte. Zur damaligen Zeit machten allein die Immobilien im Raum Tokio knapp zwei Drittel des Gesamtwerts aller Immobilien auf dem Globus aus. Eine maßlose Übertreibung. 1989 erhöhte die japanische Zentralbank die Zinsen, um diese Überhitzung einzudämmen. Daraufhin konnten Unternehmen und Privatpersonen ihre Kredite nicht mehr bedienen. Die Kreditausfälle brachten Banken ins Trudeln. Es folgten eine Halbierung der Wohnimmobilienpreise, bis zu 80 % Verlust bei Gewerbeimmobilien, rund 60 % Minus bei japanischen Aktien und schließlich eine schwere ***Rezession*** [2] zwischen 1990 und 1992. Seitdem hängt Japan am Tropf des billigen Geldes wie der Drogensüchtige an der Nadel. Wir Europäer haben nach der Finanzkrise 2008 den gleichen Weg eingeschlagen und stehen seit 2015 bei um die 0 % Zinsen und somit eher am Anfang der Tiefzinsphase als am Ende. Der Professor resümiert: »Solange die Schulden so hoch sind und weiter steigen, haben die Zentralbanken nur einen kleinen Spielraum für Zinserhöhungen, da die Zinslast bei einem größeren Zinsanstieg vor allem für Unternehmen und Privathaushalte zu teuer werden und es Zug um Zug zu Kreditausfällen kommen würde. Damit bekämen Banken Probleme und eine negative Spirale würde sich in Gang setzen.«

---

[1] ***Leitzins:*** *Der von einer Zentralbank festgelegte Zinssatz, zu dem Banken bei ihr Geld leihen können.*

[2] ***Rezession:*** *Schrumpfende Wirtschaftsleistung in zwei oder mehr aufeinanderfolgenden Quartalen*

Negativzinsen – eine verkehrte, surreale Welt

Samstag, 06:13 Uhr: »Du kannst ein höheres, geringeres oder gar kein Erwerbseinkommen haben, aber kein negatives. Außer bei Einkommen aus ***Kapitalvermögen***[1], wie z. B. ***Staatsanleihen***[2]. Normalerweise bekommt man Zinsen, wenn man Geld verleiht. Unlogisch jedoch ist, an denjenigen Zinsen zu zahlen, an den man das Geld verliehen hat. Doch genau das ist gerade bei einem großen Teil der von den Banken, Versicherungs- und Pensionskassen an den Staat verliehenen Gelder der Fall. Gerade Lebens- und Rentenversicherungskunden verlieren dadurch ihr hart erspartes Geld. Eine verkehrte Welt«, Professor Money schüttelt den Kopf. Das gibt es nur in der Welt der Zahlen, aber nicht im wirklichen Leben. Kein Mensch würde für ein negatives Einkommen arbeiten. Beim Einkaufen lassen wir unsere Rechnung ja auch nicht vom Verkäufer bezahlen. Die ***Zentralbank***[3] versucht verzweifelt, die Wirksamkeit ihrer Geldpolitik, die im Laufe der Zeit verloren ging, durch Negativzinsen wiederherzustellen. »Fakt ist, dass die Banken die Negativzinsen an ihre Kunden weitergeben und über deren Guthaben ihre Einnahmen erhöhen, wie eine Art private Geldsteuer auf Kosten des Kontoinhabers. Denn der hat das Geld auf seinem Girokonto, Sparbuch oder Tagesgeld nur an die Bank verliehen und ist somit nicht mehr Eigentümer seines eigenen Geldes. Er hat lediglich einen Auszahlungsanspruch darauf«, murmelt der Professor. Ein Ziel der Wirtschaftspolitik ist, mehr Geld immer schneller auszugeben, um auf diese Weise den Konsum zu fördern und höheres Wirtschaftswachstum zu erzeugen. Das Gegenteil ist der Fall, denn die meisten Sparer reagieren mit Ausgabenkürzungen und Sparanstrengungen und geben das Geld nicht so schnell aus. Sie versuchen, den Geldverlust durch erhöhte Sparsamkeit zu kompensieren. Daher unterliegt die Einführung von Negativzinsen einem ökonomischen Irrtum und ist kontraproduktiv. Gleichzeitig ist der Negativzins wie eine Art zusätzliche Gebühr für die Geldhaltung auf einem Konto. »Jeder weiß mittlerweile, dass die Banken bei den Gebühren kräftig in die Tasche ihrer Kunden greifen. Zusätzliche Gebühren gleichen einem reinen Preiswucher auf Kosten der fleißigen Leute und führen zur schleichenden Enteignung«, schimpft der Professor.

---

[1] ***Kapitalvermögen:*** *Zum Einkommen aus Kapitalvermögen zählen u. a. Zinsen, Dividenden und Veräußerungsgewinne aus Aktien, Anleihen und sonstigen Beteiligungen.*

[2] ***Staatsanleihe:*** *Wenn sich der Staat Geld bei dir oder einer Bank leiht, spricht man von einer Staatsanleihe.*

[3] ***Zentralbank:*** *Die Zentralbank ist eine zentrale Institution mit einem Monopolrecht für die Geldpolitik. Sie gewährleistet die Funktionsfähigkeit des Währungssystems und gibt Münzen und Banknoten aus.*

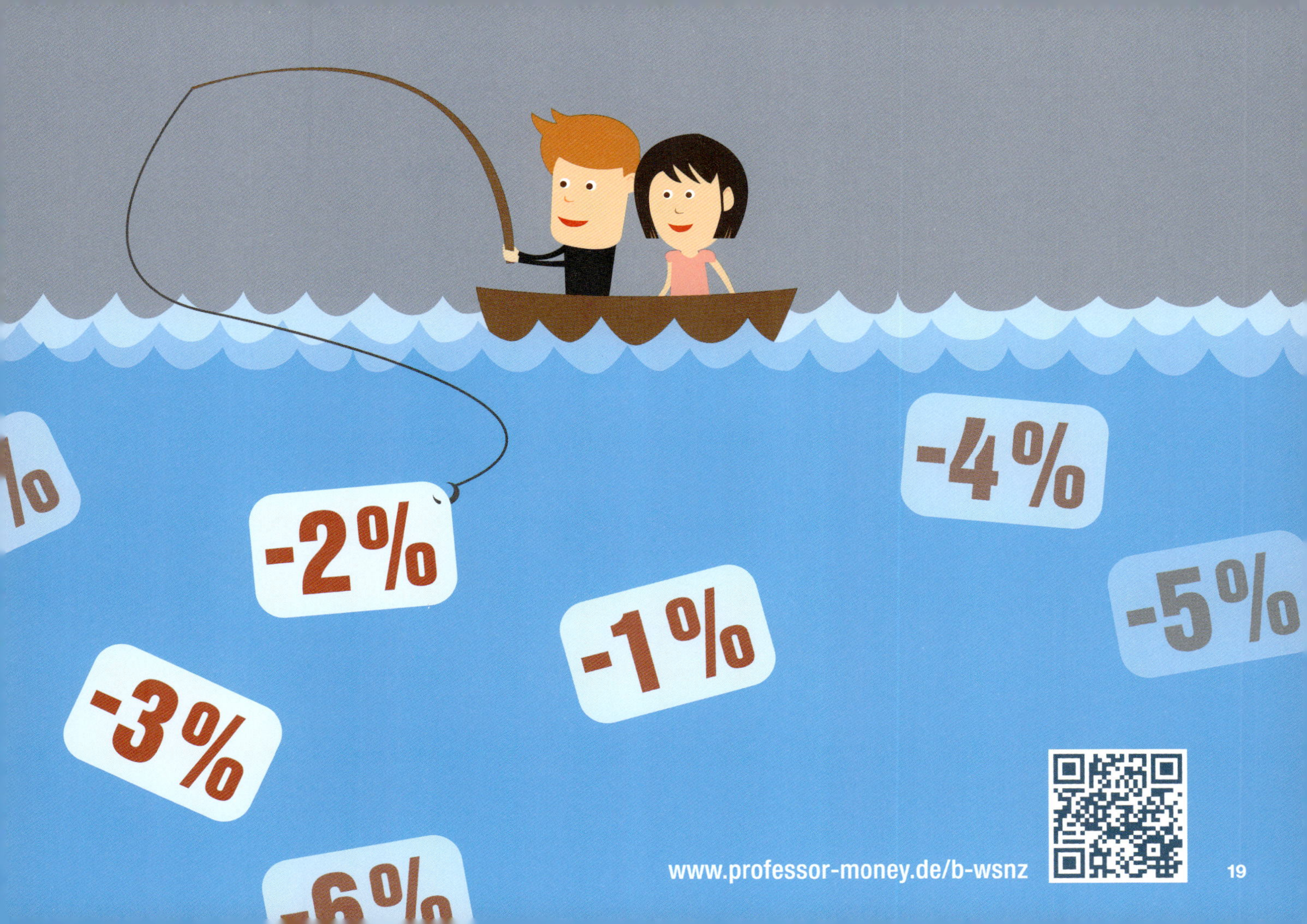

www.professor-money.de/b-wsnz

1,4%
3,2%
5%
INFLATION

Die versteckte Inflation – auf Raten in die gesicherte Armut

Samstag, 06:23 Uhr: »Du siehst ihn nicht. Du hörst ihn nicht. Du riechst ihn nicht. Die Rede ist vom blinden Passagier an Bord. Das einzige, was täglich auf wundersame Weise leerer wird, ist der Bordkühlschrank. Bis eines Tages nichts mehr drin ist. Genau das macht die ***Inflation*** [1] mit deinem Geld«, denkt Professor Money und schreibt es auf. Die wenigsten Sparer kalkulieren die Erhöhung der Preise langfristig mit ein. Denn wer z. B. 100 € monatlich in eine Rentenversicherung mit rund 2 % Zins pro Jahr spart, zahlt in 30 Jahren eine Summe von 36.000 € ein und bekommt ca. 49.000 € zurück. Allerdings nur auf dem Papier. Denn nach Abzug der Teuerung der Preise von rund 2 % pro Jahr bekommt er nur seine Einzahlung von 36.000 € zurück und tritt somit auf der Stelle. Die Verbraucherpreiserhöhung seit der Euroeinführung beträgt laut Statistischem Bundesamt nur 1,4 % pro Jahr (2021: 3,1 %). Konsumenten monieren, sie sei viel höher. Das ist berechtigt, denn Statistiker haben die Messung der Inflation 2002 verändert, zum Nachteil für uns Verbraucher. Während eine Preiserhöhung von 10 % z. B. für ein Smartphone preistreibend wirkt, wird eine Qualitätsverbesserung von z. B. 8 % durch schnellere Prozessoren oder zwei Kameras preissenkend einkalkuliert. Dadurch entsteht eine Preiserhöhung von nur 2 % im Warenkorb, der die Inflationsrate abbildet. »Höchste Zeit, noch genauer hinzuschauen«, denkt der Professor, »denn Verbrauchs- und Gebrauchsgüter unterscheiden sich. Der vielleicht alle fünf Jahre gekaufte Computer wurde günstiger, während sich z. B. eine Kugel Eis über die letzten 30 Jahre mit rund 6 % pro Jahr verteuert hat. Darüber hinaus gibt es die realen Vermögens- und Sachgüter wie z. B. Immobilien, Aktien, Sammelobjekte, Oldtimer usw. Sie verteuerten sich, gerade durch das billige Geld, von 2005 bis 2021 um 3,6 % pro Jahr. Profiteure der Vermögenspreis-Inflation waren vornehmlich Wohlhabende und gut Informierte. Die normalen Sparer, deren Konto-, Bauspar- und Lebensversicherungsguthaben auf Raten dahinschmelzen wie das Eis in der Sonne, waren und bleiben die großen Verlierer. Um in den nächsten Jahren als Gewinner aus diesem Dilemma hervorzugehen, bedarf es eines Wechsels vom Sparer hin zum Anleger«, hält der Professor fest.

---

[1] ***Inflation:*** *Sie bezeichnet in der Volkswirtschaftslehre eine allgemeine und anhaltende Erhöhung des Preisniveaus von Gütern und Dienstleistungen, gleichbedeutend mit einer Minderung der Kaufkraft des Geldes.*

www.professor-money.de/b-dinf

Der Generationenbetrug und seine Verantwortlichen

Samstag, 06:34 Uhr: »Und dann ist da noch die Sache mit der Rente und dem sorgenfreien Leben im Alter«, überlegt der Professor. Millionen fleißige Normalverdiener wird die Altersarmut mit voller Härte treffen. 600 bis 900 € Rente nach Steuer wird laut Bundesarbeitsministerium für viele die neue Normalität werden. Das Verhältnis von Jungen und Alten hat sich im Lauf der Zeit gewandelt. Die jungen Einzahler zur Versorgung der zukünftigen Rentner wurden leider nie geboren. Vor etwa 50 bis 60 Jahren haben umgerechnet sechs Einzahler einen Rentner versorgt. Heute sind es nur noch drei. 2030 sinkt diese Zahl auf 1,5 Einzahler und jeder Dritte wird 60 Jahre oder älter sein. »Von einem Wasserloch in der afrikanischen Savanne können nur so viele Tiere trinken, wie der Regen es immer wieder auffüllt. Bleibt der Regen aus, verdursten einige davon«, überlegt der Professor. »Unsere Rentenkasse ist wie das Wasserloch. Zu wenig Regen und keinerlei Reserven«, ergänzt er. Um das Rentenniveau zu halten, schießt der Staat bereits seit Jahren schon Hunderte Mrd. € nach. Diesem Fass ohne Boden droht ungefähr 2030 die Implosion. Denn seit Beginn der 2020er-Jahre geht die Generation der ***Babyboomer*** [1)] in den Ruhestand. Laut Schätzung der Deutschen Bundesbank müssten die Beitragssätze von derzeit 18,5 % auf 31 % erhöht werden. Jedoch ist die Abgabenlast heute schon zu hoch. Deshalb bleibt diese Rechnung wohl eher realitätsfremd. Die andere Lösung, länger zu arbeiten, lässt sich eher durchsetzen. Aber lange nicht für alle Berufe. Der demografische Wandel frisst sich also unaufhaltsam seinen Weg durch das Rentensystem und ist auch nicht mehr zu stoppen. »Rein rechnerisch wird es wohl auf eine Einheitsrente auf niedrigstem Niveau hinauslaufen«, rechnet der Professor aus. Der zukünftige Rentner ist also auf sich gestellt, um einen Ruhestand in Würde und mit ausreichend Geld genießen zu können.

[1)] ***Babyboomer:*** *So werden in Deutschland Menschen genannt, die zu den geburtenstarken Jahrgängen von 1955 bis 1969 zählen.*

www.professor-money.de/b-rsid

Der leidtragende Sparer – ein ewiger Verlierer

Samstag, 06:45 Uhr: »Weit über 500 Mrd. € haben die Deutschen seit der Finanzkrise 2008 verschenkt«, ruft Professor Money verzweifelt in seinen Spiegel. Denn seit über einem Jahrzehnt haben sich auf zinslosen Bankkonten über 3.000 Mrd. € angesammelt. Hätten sie nur die Hälfte davon sinnvoll investiert, wären die Deutschen heute weit mehr als eine halbe Billion € reicher. Mit diesem Geld könnten sich die Bürger 20 Mio. VW-Golf im Wert von 25.000 €, 166 Mio. Urlaubsreisen in Höhe von 3.000 € oder 1,66 Mio. Immobilien im Wert von 300.000 € kaufen. »Schade«, denkt sich der Professor und stellt sich die Frage, wohin das nur führt, wenn die Leute weiterhin so tatenlos bleiben. Denn der reale Verlust ist angesichts der Null- und Minizinsen auch in den nächsten Jahren vorprogrammiert. »Die Kombination von Nullzins, Inflation und geringer Rente wirkt langfristig wie ein mit Strohrum gemischter Cocktail, der bei regelmäßigem Konsum unweigerlich krank macht. Ja, genau«, denkt sich der Professor, »wer seine finanzielle Krankheit erkennt, der will sie auch heilen«, gibt er überzeugend von sich. Selbst wenn eine Familie in 20 oder 30 Jahren mit Mühe und Fleiß ihr Eigenheim abbezahlt hat, führen die durch die Inflation bedingten höheren Preise und die viel zu niedrige Rente zu enormen Einbußen am gewohnten Lebensstandard bis hin zu großen, existenziellen Problemen. Ein Haus verschluckt gerade nach 20 oder 30 Jahren viel Geld für Renovierung und Instandhaltung. In vielen Fällen bleibt nur noch ein Ausweg: der Hausverkauf und somit der Rückschritt in eine kleinere Wohnung. Damit sich jeder eine solche Rentensituation vorstellen kann, könnte der Versuch unternommen werden, einmal einen Monat auf Probe von der Hälfte seines Nettoeinkommens zu leben. Das Ergebnis wird ernüchternd sein. Das Sparbuch oder die Auszahlung der eigenen privaten Rentenversicherung werden hier keine nennenswerte Abmilderung schaffen.

www.professor-money.de/b-dds

Der Sparer – gefangen in seiner Emotion

Samstag, 07:28 Uhr: »Wieso nur handeln die deutschen Sparer nicht?«, murmelt der Professor kopfschüttelnd in seinen Schnurrbart. Irritiert und verzweifelt versucht er, eine Erklärung dafür zu finden, als er eine der neuesten Befragungen der Deutschen zu Finanzangelegenheiten auswertet. Denn die Ergebnisse sind nicht nur schockierend, sondern erzeugen in ihm das Gefühl von Hilflosigkeit und Leere. »Wie bloß muss ich mit dem deutschen Michel sprechen, damit er endlich versteht, dass jetzt die richtige Zeit zum Handeln ist?«, ruft Professor Money laut aus, während er aufgeregt in seinem Geldlabor auf und ab läuft. »Wie denkt der Sparer überhaupt und wie wurden wir alle von unseren alten Gewohnheiten, der Finanzindustrie und deren Vertretern über Jahrzehnte geprägt? Wie sabotieren wir unseren hart erarbeiteten Wohlstand? Und was wollen wir als Sparer wirklich?« Professor Money lässt sich tief in seine Gedanken blicken.

Der Sparer – wie denkt er und was sagt er?

Samstag, 08:01 Uhr: Aufmerksam liest der Professor die neuesten Zahlen aus einer aktuellen Finanzstudie: »84 % der deutschen Bevölkerung verbinden nach wie vor die Anlage in Aktien mit Spekulation und Risiko. 51 % nutzen immer noch das zinslose Girokonto zur Geldanlage. 54 % der Sparer wissen genau, dass sie 2–5 % Rendite bräuchten, um nur die Inflation auszugleichen.« Der Professor schlägt die Hände über dem Kopf zusammen, als er den nächsten Satz liest. Aufgrund von Zweifeln, er hätte ihn falsch gelesen, liest er ihn noch einmal laut: »Rund zwei Drittel der Befragten sind aufgrund des Nullzinses dennoch nicht bereit, ihr Sparverhalten zu verändern.« Er kann es kaum fassen, wie widersprüchlich die Sparer denken. »Sie wissen einfach nicht, was sie sich und ihren Familien damit antun«, resümiert er entmutigt. Nach seinem emotionalen Ausbruch beruhigt sich der Professor, widmet sich wieder der Studie und entdeckt das nächste Paradoxon. »80 % des privaten Geldvermögens liegen nach wie vor auf Bankkonten, Sparbüchern, in Bausparverträgen und in Lebens- und Rentenversicherungen. Knapp ein Drittel der Befragten haben Angst, durch die Inflation Geld zu verlieren und sehen dies als höchstes Risiko an.« Professor Money fragt sich: »Warum liegt das Geld dann genau dort, wo die Inflation offensichtlich zur Vernichtung des Vermögens führt?« Als der Professor liest, dass jeder zweite der 18- bis 29-Jährigen, also unsere zukünftige Generation, für knapp 20 Jahre sein Geld lieber auf dem Sparbuch oder Girokonto belassen würde, als es anderweitig zu investieren, klappt er innerlich zusammen und versteht die Welt nicht mehr. »Jetzt sind die Jungen auch schon infiziert«, murmelt er. Die Gedanken des Professors kreisen: »Mit Rationalität hat das alles nichts mehr zu tun. Warum denkt der Sparer nicht um? Ist es Bequemlichkeit, Gewohnheit oder irgendetwas anderes?«, der Professor ist ratlos und überlegt.

Die Eisbärenstory – Prägung bestimmt Wahrnehmung

Samstag, 08:13 Uhr: Im Zusammenhang mit dem Begriff der Prägung des deutschen Sparers fällt Professor Money die Geschichte des Eisbären ein. »Es war einmal ein prächtiger Eisbär, der schon seit Jahren in einem kleinen Käfig im Zoo vor sich hinlebte. Tag ein, Tag aus. Er lief fünf Meter auf und fünf Meter ab. Im gleichmäßigen Rhythmus erdröhnte nach jeder Wende sein furchterregend schönes Brüllen. Als eines Tages ein neuer, tierliebender Direktor die Leitung des Zoos übernahm, fiel ihm beim Rundgang der mächtige Bär auf, der wie immer auf und ab ging. Es tat ihm sehr weh, den Bären so zu sehen und er ließ ihm ein neues großes Gehege mit Felsen und Wassergräben bauen. Nach den Mühen der Arbeit ließ er den Bären in sein neues geräumiges Zuhause bringen. Nach einigen Minuten öffnete dieser seine Augen, stand auf und lief wider Erwarten seine fünf Meter auf und fünf Meter ab. Bei jeder Wende erdröhnte wieder sein furchterregend schönes Brüllen.« Auch der Sparer verfällt der Macht der Gewohnheit, genau wie der Eisbär. Er hinterfragt die von ihm irgendwann getroffene finanzielle Entscheidung in den seltensten Fällen. Der Abschluss gewisser Verträge erschien ihm mit dem damaligen Wissen richtig gewesen zu sein. Für richtig empfinden wir Dinge, mit denen wir einverstanden sind. Das was uns entgangen ist und wir NOCH nicht verstehen, fühlt sich eher falsch an. Wahrheiten gibt es immer so viele, wie es Menschen gibt. In der Vergangenheit vertrauten Sparer den Banken und Versicherungen, deren Marketing und Werbung uns seit Jahrzehnten prägen. Der dadurch initiierte Verkauf von Bausparverträgen und Kapitallebensversicherungen brachte ihnen Milliarden ein. Der Verlierer dieser Verträge war und ist der Kunde. Ob die damaligen Entscheidungen noch zeitgemäß sind, darf jeder selbst hinterfragen. Wir können allerdings, wie der Eisbär, jeden Tag neu auf das Gehege blicken und entscheiden, wohin und wie weit wir laufen und uns am Felsen und den Wassergräben erfreuen.

Durch Selbstsabotage in den finanziellen Abgrund

Samstag, 08:22 Uhr: »Niemand kann vergangene Entscheidungen rückgängig machen«, denkt sich der Professor und starrt an die Decke. »Die Deutschen sind wie ein Ehepaar, das gerne entspannt und sorgenfrei auf seinem Sofa im Wohnzimmer sitzt. Aber das Loch im maroden Dach hindert sie daran. Denn seit einigen Jahren bereits brauchen sie einen Regenschirm, um auf ihrer Couch nicht nass zu werden. Über Jahrzehnte haben sie die Reparatur des Daches hinausgeschoben, alles andere war immer wichtiger. Es wurden zwar einige Anläufe unternommen, es zu reparieren, aber das zur Seite gelegte Geld wurde immer wieder für Unnötiges verwendet. So wurde der Schaden immer größer und der Schimmel verbreitet sich nun im ganzen Haus. Aufgrund schlechter Erfahrungen mit dem Küchenmonteur und dem Elektriker vermieden sie bisher den Anruf beim kompetenten Dachdecker. Und sich selbst Grundkenntnisse über das Dachdecken anzueignen, dazu fehlten bis dahin immer die Zeit und die Lust. Um nicht wieder auf einen Handwerker hereinzufallen, wäre es sinnvoll gewesen, sich selbst ein Basiswissen zum Thema ›Dach‹ anzueignen. Denn nur durch besseres Verstehen könnten sie ein gutes Sanierungsangebot von einem schlechtem unterscheiden. Nur weil 90 % ihrer Nachbarn auch schon lange unter einem kaputten Dach leben müssen, macht deren Tatenlosigkeit das eigene Dach nicht wieder ganz. Schließt man sich dieser Tatenlosigkeit an, wird der Schaden noch viel größer. Mit einem guten Dach ist man selbst im schlimmsten Sturm sicher«, resümiert der Professor. Die meisten Sparer glauben, mit ihrem Regenschirm aus Sparbüchern, Girokonten, Bausparverträgen, Lebens- und Rentenversicherungen ihr persönliches Rentenloch zu füllen. So gut wie alle sehen mittlerweile, dass der Schimmel in Form der Altersarmut um sich greift, wiegen sich jedoch immer noch in Sicherheit. »Das ist doch paradox«, denkt Professor Money. »Und das bei den konservativen deutschen Bürgern.«

Die Finanzindustrie und das verspielte Vertrauen der Verbraucher

Samstag, 08:33 Uhr: »Ich weiß, dass ich nichts weiß.« Dieses antike Zitat stimmt bis heute, vor allem bei der Finanzbildung der deutschen Bevölkerung. Deshalb wünschen sich 78 % aller Verbraucher mehr Finanzbildung schon in der Schule. Denn aus persönlicher Erfahrung wissen viele, dass die mangelnde Finanzbildung in den letzten Jahrzehnten vom Großteil der Banken, Versicherungen und Finanzberater schamlos ausgenutzt wurde. Die gebrannten Kinder scheuen bis heute das Feuer. Zu Recht. »Vertrauen ist schnell zerstört, das kennst du auch aus dem Privatleben. Es wiederzugewinnen ist schwer und dauert um ein Vielfaches länger«, denkt der Professor. Der Vertrauensverlust gegenüber der gierigen Finanzwelt führte zu einer schon seit Jahren anhaltenden Verdrängung und Resignation des Sparers. Die Zielvorgaben der Bankmitarbeiter, die zügellose Kreditvergabe und das übertriebene Drucken von Geld kosten den fleißigen Bürger täglich Millionen. Auch der gute Bekannte von der Bank oder Versicherung wird für deinen Schaden nicht aufkommen. Kein Grund jedoch, aufzugeben. »Wenn du dich schon keinem mehr anvertrauen möchtest, dann bleibt nur einer, dem du vertrauen kannst, und das bist du selbst«, schlussfolgert Professor Money. Das Wissen führt zu mehr Selbstvertrauen, die richtige Entscheidung zu treffen. Freilich ist das nicht immer leicht. Sachgüter, wie z. B. eine Hose, probiere ich an und bei Gefallen kaufe ich sie. Erfahrungsgüter wie eine Flasche Wein trinke ich und weiß bereits nach ein paar Schlucken, ob ich sie wieder kaufe. Finanzprodukte sind Vertrauensgüter, bei denen man meist erst nach vielen Jahren weiß, ob sie sich auszahlen. »Wenn du krank bist, gehst du zum Arzt. Er stellt eine Diagnose und verschreibt dir ein Rezept. Ob die Therapie die richtige ist, weißt du erst später. Du musst dem Arzt vertrauen. Sei dein eigener Finanzarzt, denn du kennst dich am besten. Du musst kein Experte werden und schon gar nicht, wenn du auf das Thema keine Lust hast. Aber ein Basiswissen, wie in der Schule das Einmaleins zu lernen, war doch in jedem Fall hilfreich für deine weitere berufliche Laufbahn, oder nicht?«, resümiert Professor Money.

Was der Anleger wirklich will

Samstag, 08:41 Uhr: Als sich Professor Money die Frage stellt, was der Sparer wirklich will, kratzt er sich am Kinn und starrt erst einmal ein Loch in die Decke seines Geldlabors. Nach einigen Minuten der Überlegung murmelt er: »Die Mehrheit der Deutschen ist in der Zwickmühle. Einerseits wollen sie sich nicht mit dem Thema Geldanlage beschäftigen, andererseits würden sie es gerne als erledigt aus ihrem Kopf streichen.« Ein Widerspruch an sich, der sich auch in den wichtigsten Kriterien, die der Anleger an eine Sparform stellt, widerspiegelt. Mit Abstand das bedeutendste Kriterium ist die Sicherheit. Für viele bedeutet Sicherheit, dass ihr Vermögen erhalten bleibt, langfristig nicht weniger wird oder komplett verloren geht, erst recht in Krisenzeiten. Darüber hinaus soll das Vermögen auch eine gute Rendite abwerfen. Vermutlich zufrieden, unter dem Aspekt der Sicherheit, wäre der Großteil der Anleger mit einem prozentualen Gewinn von durchschnittlich 4–8 % pro Jahr. »Selbstverständlich nach Produkt- und Servicekosten«, grübelt der Professor. Denn Kostentransparenz und leichte Verständlichkeit der Anlage sind zwei weitere Kriterien für den aufmerksamen Anleger. Außerdem gewinnt immer mehr an Bedeutung, täglich über das Geld verfügen zu können. Die Mehrzahl allerdings, wie bereits erwähnt, will sich nicht damit beschäftigen und sucht nach Lösungen, die zeitsparend sind. Zu guter Letzt soll die Geldanlage einen umfassenden Inflationsschutz bieten, damit es langfristig mindestens erhalten bleibt. Der Professor denkt einen Augenblick laut nach: »80 % der Sparer nutzen aktuell noch Sparformen wie das Girokonto, das Sparbuch, den Bausparvertrag und die Lebens- oder Rentenversicherung. Sie erfüllen nicht ansatzweise die Kriterien, die der Anleger an eine Sparform stellt. Offensichtlich klafft eine enorme Lücke zwischen dem, was Leute wollen, und dem, was sie tatsächlich haben. Höchste Eisenbahn, die Lücke durch Selbsterkenntnis zu schließen.«

Das Wirtschaftsrad – komplex und dennoch einfach

Samstag, 08:52 Uhr: »Bevor ich mit den Leuten über das Einmaleins der Geldanlage sprechen kann, müssen sie erst einmal die komplexen Zusammenhänge der Wirtschaft verstehen«, brummelt der Professor vor sich hin. Er entschließt sich, einen kurzen Leitfaden über die verschiedenen Zahnräder der Wirtschaft zu schreiben. »An sich müsste ich einen solchen Leitfaden an Schulen verteilen. Denn Finanzbildung können nicht nur die Erwachsenen dringend gebrauchen. Ich schreibe die Zusammenfassung am besten gleich so verständlich, dass sie Schüler ab der 8. Klasse auch verstehen können«, beschließt der Professor. Er zeigt bildhaft auf, wie die Aktivitäten in der Wirtschaft funktionieren, welche Rolle Kredite spielen und wie Schulden abgebaut werden können. Darüber hinaus geht er auf die Rolle der Zentralbanken ein.

KLEIDUNG
UNTER-
HALTUNG
FREIZEIT
GOLD
ÖL
HAUS
DIESEL
SCHWEINE-
BAUCH
ORANGEN-
SAFT
MIETE
BLUMEN
PARTY
HAAR-
SPRAY
STROM
INTERNET
SILBER
AUTO
MAIS
GAS
KUPFER
BENZIN
NÜSSE
REISEN
PLATIN
TELEFON
ELEKTRO
ZUCKER
ZAHN-
PASTA
€
Die Ausgaben des
einen sind die Einnahmen
des anderen.

Die Wirtschaft – die Summe aller Menschen und Ihrer Aktivitäten

Samstag, 09:04 Uhr: Die Wirtschaft kann man sich vorstellen wie eine Maschine, die aus vielen kleinen Teilen und sich ständig wiederholenden Vorgängen und Transaktionen besteht. Wirtschaft bedeutet nichts anderes, als dauerhaft Lösungen für bestimmte Probleme bereitzustellen. »Hast du gerade Unterzucker, kaufst du dir ein Eis. Du möchtest dauerhaft saubere Zähne? Dann besorgst du dir regelmäßig Zahnpasta. Du willst von A nach B kommen? Dann steigst du in dein Auto, in die Bahn oder in den Bus. Hier könnte ich Millionen Beispiele des täglichen Bedarfs aufzeigen«, murmelt der Professor. Solche Aktivitäten werden in einer Volkswirtschaft Transaktionen genannt und finden sowohl im Kleinen als auch im Großen zu jeder Zeit statt. Wir treiben also zu jeder Sekunde des Tages das Rad der Wirtschaft aufs Neue an. Eine Antriebskraft hierbei ist die ***Produktivität***[1]. Dazu ein Beispiel: Ein persönliches Gespräch wird durch eine Videokonferenz ersetzt. Somit spart sich zumindest eine der beiden Personen die Reisezeit und kann in der gleichen Zeit mehr Gespräche führen und wird produktiver. Transaktionen können mit eigenem oder mit fremdem Geld bezahlt werden, also auf Kredit. Dafür werden Waren, Güter und Dienstleistungen sowie Immobilien, Aktien, Edelmetalle und sonstige Kapitalanlagen gekauft. Die Ausgaben des einen sind gleichzeitig die Einnahmen des anderen. Wie auf einem Wochenmarkt kommen ständig Käufer und Verkäufer zusammen. Es gibt z. B. Märkte für Öl, Autos, Kupfer, Orangensaft, Währungen, Immobilien, Anleihen, Aktien und viele mehr. Der Austausch von Waren und Dienstleistungen, sprich die Nachfrage und das Angebot, steuert also die verkaufte Menge und bestimmt den Preis. Nun kommt jedoch neben der Transaktion noch eine weitere Triebfeder mit ins Spiel. Der eben schon angesprochene Kredit.

---

[1] ***Produktivität:*** *Der Mensch und somit auch die Wirtschaft will immer besser und schneller werden; mit dem gleichen Einsatz immer bessere Ergebnisse erreichen.*

www.professor-money.de/b-wfww

Geld aus dem Nichts – die Rolle des Kredits

Samstag, 09:16 Uhr: »Stopp. Einen Schritt zurück«, denkt der Professor. »Ein Schüler der 8. Klasse würde mich jetzt fragen: ›Warum sind Kredite wichtig und woher kommen sie überhaupt?‹ Langfristig ist das Produktivitätswachstum immer der wichtigste Treiber einer Wirtschaft. Kurzfristig sind es aber Kredite. Sie machen den größten Teil des Wirtschaftslebens aus und sind somit von großer Bedeutung. Kredite erlauben uns, Geld aus unserer Zukunft zu leihen und mehr zu konsumieren und zu investieren als wir produzieren. Denn wie schon erwähnt, die Ausgaben des einen sind die Einnahmen des anderen. Ob nun Ausgaben mit eigenem Geld oder mithilfe von Schulden getätigt werden, ist auf den ersten Blick nicht wichtig.« Er murmelt: »Ich sollte auch noch erklären, woher das ganze Geld kommt«, und überlegt weiter: »Banken können theoretisch fast unendlich Geld – sogenanntes Buchgeld – generieren, solange die Zentralbank nicht eingreift und dem Geldschöpfungsprozess Grenzen setzt. Je niedriger der Zins, desto attraktiver ist für die Menschen das Geld. Je höher der Zins der Zentralbanken ist, desto weniger können sich Menschen, Unternehmen und Staaten einen Kredit leisten. Die Zentralbank steuert mit Zinsen und anderen Instrumenten also die Geldmenge in der Wirtschaft. Eine Wirtschaft mit Kredit kann mehr ausgeben und die Einnahmen kurzfristig schneller steigen lassen als die Produktivität. Aber nicht auf Dauer. Schulden sind schlecht, wenn damit beispielsweise ein Fernseher gekauft wird. Denn ein Fernseher erarbeitet kein Einkommen, um Zins und Tilgung des Kredits zu leisten. Wenn aber ein Landwirt eine Maschine auf Kredit kauft, mit der er in gleicher Zeit mehr ernten kann, sind das gute Schulden. Der Landwirt erhöht somit seine Einnahmen und seine Produktivität und dadurch seinen Lebensstandard. Das Produktivitätswachstum spiegelt unser angesammeltes Wissen wider und geht nie verloren. In einer Welt ohne Kredit könnten wir nur durch Produktivitätssteigerung unsere Einnahmen erhöhen. Kredite sind allerdings neu geschaffenes Geld aus der Zukunft, das irgendwann, zumindest vom Verbraucher, wieder zurückgezahlt werden muss. Mit jeder Kreditaufnahme entsteht ein Zyklus, der eine Serie von Ereignissen in Gang setzt.«

www.professor-money.de/b-drdk

Schulden – die Dosis macht das Gift

Samstag, 09:22 Uhr: Der Professor erinnert sich an sein Studium: »Wer kennt das nicht? Es findet eine Party statt. Der Alkoholkonsum steigt. So kann sie für den einen oder anderen auf der Toilette enden und die Stimmung kippt.« Ähnlich verläuft der kurzfristige Schuldenzyklus, der in der Regel fünf bis acht Jahre andauert. Aus guter Stimmung entsteht erhöhte Wirtschaftsaktivität und daraus Expansion, die in Euphorie mündet. Wachsende Ausgaben und Einnahmen, angeheizt durch billige Kredite, lassen Preise schneller steigen als die Produktion der Waren und Güter mit der Folge einer Entwertung des Geldes. Die Zentralbank möchte aber keine zu hohe Inflation, da sie zu überhöhten Preisen für die Verbraucher führt und den Konsum abwürgen könnte. Daher hebt sie die Zinsen wieder an, um den Geldverleih, also die Kreditvergabe, für die Banken zu verteuern. Diese geben die höheren Zinsen an ihre Kunden weiter und Kredite verteuern sich. So sinkt die Nachfrage nach Krediten. Durch die gestiegenen Raten für neue Kredite reduzieren sich die Ausgaben der Kreditnehmer, weil sie sich jetzt weniger leisten können. Mit sinkenden Ausgaben der einen sinken auch die Einnahmen der anderen. So dreht sich die Spirale in die andere Richtung und die Preise fallen, was sich Deflation nennt. Sie mündet normalerweise in einer schrumpfenden Wirtschaft. Das nennt sich dann Rezession. In einem deflationären Umfeld verschieben Verbraucher ihre Anschaffungen, weil sie glauben, in Zukunft ihre Investitionen günstiger zu bekommen. Nimmt das überhand, senkt die Zentralbank die Zinsen wieder, um die Nachfrage nach Krediten und somit den Konsum erneut anzukurbeln. Der kurzfristige Schuldenzyklus ist primär von der Zentralbank gesteuert. Allerdings führt jeder Zyklus zwar zu mehr Wachstum, aber auch zu mehr Schulden, da alle Beteiligten dazu neigen, mehr auszugeben als Schulden zu begleichen. So steigen langfristig Schulden schneller als Einkommen. Die Wiederholung von vielen kurzfristigen Schuldenzyklen erzeugt den langfristigen Schuldenzyklus. »Die Dosis macht das Gift«, resümiert der Professor. »Wer langfristig mehr Kalorien zu sich nimmt, als er verbraucht, wird zwangsläufig an Gewicht zulegen.«

Die langfristige Auswirkung der Schuldenorgie

Samstag, 09:33 Uhr: »Solange es uns gut geht, obwohl wir dicker werden, machen wir munter weiter. Aber spätestens in einigen Jahrzehnten bekommen viele die unerwünschte Diagnose.« So übersetzt der Professor die Auswirkung des langfristigen Schuldenzyklus. Eine solche Phase des Aufschwungs ist also nie von Dauer. Die Freizügigkeit der Kreditvergabe führt erst einmal zu höheren Ausgaben. Dadurch steigen die Einnahmen der Bürger und auch Vermögenswerte wie Immobilien, Aktien und sonstige Kapitalanlagen. Wir kaufen Waren, Güter und Dienstleistungen auf Pump und glauben, die Welt liegt uns zu Füßen. »Aber wer einatmet, muss auch ausatmen«, denkt der Professor. Eine Überhitzung lässt eine Blase entstehen, deren Luft zu gegebener Zeit zwangsläufig entweichen muss. Am Ende kommt es immer auf ein gesundes Verhältnis zwischen Einnahmen und Ausgaben an. Solange die Einnahmen so schnell steigen wie die Ausgaben, bleibt alles kontrollierbar. In einem wirtschaftlichen Abschwung fallen aber auch die Ausgaben, da viele nicht mehr so viel Geld haben. Da sich die Ausgaben reduzieren, sinken auch die Einnahmen. Denn die Ausgaben des einen sind die Einnahmen des anderen. Durch geringere Einnahmen können Kreditnehmer irgendwann ihre Rückzahlungen für Kredite nicht mehr leisten. Spätestens dann greifen Banken auf die Sicherheiten zurück, die für die Bewilligung der Kredite hinterlegt wurden. Da diese Sicherheiten, wie z. B. ein Haus, in solchen Phasen ebenfalls an Wert verlieren, reduziert sich somit auch die Sicherheit, was wiederum Banken in Schwierigkeiten bringt. Ein Teufelskreis beginnt. Weniger Einnahmen, weniger Konsum, weniger Ausgaben, weniger Kredit und damit sinkender Wohlstand. In einer Rezession wird daher durch Senkung der Zinsen die Kreditnachfrage angekurbelt. Beim Schuldenabbau jedoch nutzt eine Zinssenkung nichts mehr, denn die Zinsen sind bereits nahe null. Sind die Schulden und die Tilgungsbeträge bereits zu stark angewachsen, kann der Kreditnehmer durch Zinssenkungen nicht mehr entlastet werden. Deswegen muss die Überschuldung auf anderem Wege abgebaut werden.

Schulden abbauen – aber wie?

Samstag, 09:37 Uhr: Der Professor denkt laut: »Schuldenabbau. Da gibt es doch vier Möglichkeiten. Erstens, sparen. Das bedeutet, keine neuen Schulden mehr aufnehmen, um die alten zurückzahlen zu können. Zweitens, die zu hohen Schulden werden einfach später zurückgezahlt als ursprünglich vereinbart. Drittens, Vermögen wird von den Reichen an die Armen verteilt, und viertens, die Zentralbank druckt Geld.« Professor Money kommt gleich zum ersten Punkt: »Ausgabenkürzung, die auch als Sparpolitik bezeichnet wird. Wenn Kreditnehmer alte Schulden begleichen, sollte man annehmen, dass sich die Schuldenlast verringert. Aber in einer Volkswirtschaft ist genau das Gegenteil der Fall. Denn die meisten haben somit weniger Geld zum Ausgeben. Die Ausgaben des einen sind die Einnahmen des anderen, was zu sinkenden Einkommen führt. Die Einkommen fallen schneller als die Rückzahlungen der Kredite und dadurch wird die Schuldenlast sogar größer.« Der Professor trinkt einen Schluck Wasser und befasst sich mit dem nächsten Schritt des Schuldenabbaus, der Umschuldung. »Umschuldung bedeutet, der Kreditnehmer muss seinen Kredit über einen längeren Zeitraum oder auch zu niedrigeren Zinsen, als ursprünglich vereinbart wurde, zurückzahlen. Der Kreditgeber sagt sich also, lieber habe ich den Spatz in der Hand, als die Taube auf dem Dach. Da die Schulden des einen die Vermögen der anderen sind, wird weniger verdient. Die Arbeitslosigkeit steigt und der Staat hat weniger Steuereinnahmen. Der Staat muss Programme zur Unterstützung der Wirtschaft ins Leben rufen. Die muss er entweder über höhere Steuern oder durch Schulden finanzieren. Wenn die Wirtschaft schrumpft, ist es ausgeschlossen, Steuern zu erhöhen. Das Haushaltsdefizit des Staates explodiert. Paradoxerweise steigen sogar die Schulden bei dieser Art des Schuldenabbaus. Die dritte Methode des Schuldenabbaus ist die Umverteilung der Vermögen von den Reichen zu den Armen. Ist es zu wenig, kommt es schlimmstenfalls zur Revolution. Wird ein gesundes Maß der Umverteilung überschritten, ärgern sich die Reichen. In solchen Phasen kommt es oft zu politischen Veränderungen. So kam damals auch Hitler an die Macht«, murmelt der Professor.

www.professor-money.de/b-wzsa

Die Zentralbank – Retter in der Not?

Samstag, 09:42 Uhr: Professor Money kommt zur letzten Maßnahme, mit der eine Volkswirtschaft Schulden reduzieren kann, die Zentralbank. Wie bereits erwähnt, tragen Ausgabenkürzung, Schuldenrückzahlung und Vermögensumverteilung nur einen Teil zur Lösung des Problems bei. Der Zins der Zentralbank kann allerdings nicht mehr gesenkt werden, da er schon bei null angelangt ist. Geld drucken wirkt inflationär und wirtschaftsfördernd, sofern es in entsprechender Größenordnung geschieht. Mit dieser Maßnahme leiht die Zentralbank – mit einem Umweg über die Banken – dem Staat Geld, der es wiederum in Bildung, Infrastruktur und sonstige Förderprogramme investieren kann. Außerdem kauft die Zentralbank direkt und indirekt ***Vermögensanlagen*** [1], was deren Preise steigen lässt. Solche Vermögensanlagen können bei einem Kreditgeber wiederum als Sicherheit für ein Darlehen verwendet werden. Steigen ihre Preise, erhöht sich auch die Kreditwürdigkeit des Darlehensnehmers. Mehr Kredit bedeutet mehr Ausgaben. Und die Ausgaben des einen führen wiederum zu mehr Einnahmen des anderen. Geld zu drucken erhöht nicht zwangsläufig die Inflation, solange es den Kreditmangel ausgleicht, der zuvor herrschte. Denn nach wie vor gilt, ob die Ausgaben per Kredit erfolgen oder von der Zentralbank ausgehen, hat die gleiche Auswirkung. Nehmen wir an, ein Land bezahlt für die Schulden 1 % Zinsen bei einem gleichzeitigen ***realen Wachstum*** [2] der Wirtschaftsleistung um 2 % pro Jahr. Dann können die Schulden reduziert werden. Historisch dauerte so ein Entschuldungsprozess meist ein Jahrzehnt oder länger. Die Balance zwischen zu viel und zu wenig Geld liegt in den Händen der Politik. »Folgende Faustformeln gilt es, zu beachten«, fasst der Professor zusammen und zählt auf: »Erstens dürfen Schulden langfristig nicht schneller steigen als Einkommen. Zweitens dürfen Einkommen nicht schneller steigen als die Produktivität. Und drittens, die Produktivität ist der alles entscheidende Schlüssel. Denn Produktivitätswachstum bringt Wohlstand und ist angesammeltes Wissen, das weder schwankt noch verloren geht.«

---

[1] ***Vermögensanlagen*** *können z. B. Aktien, Immobilien, Anleihen oder sonstige Beteiligungen sein.*

[2] ***Reales Wachstum:*** *Beim realen Wachstum werden Preisveränderungen mit berücksichtigt. Beim nominalen Wachstum nicht.*

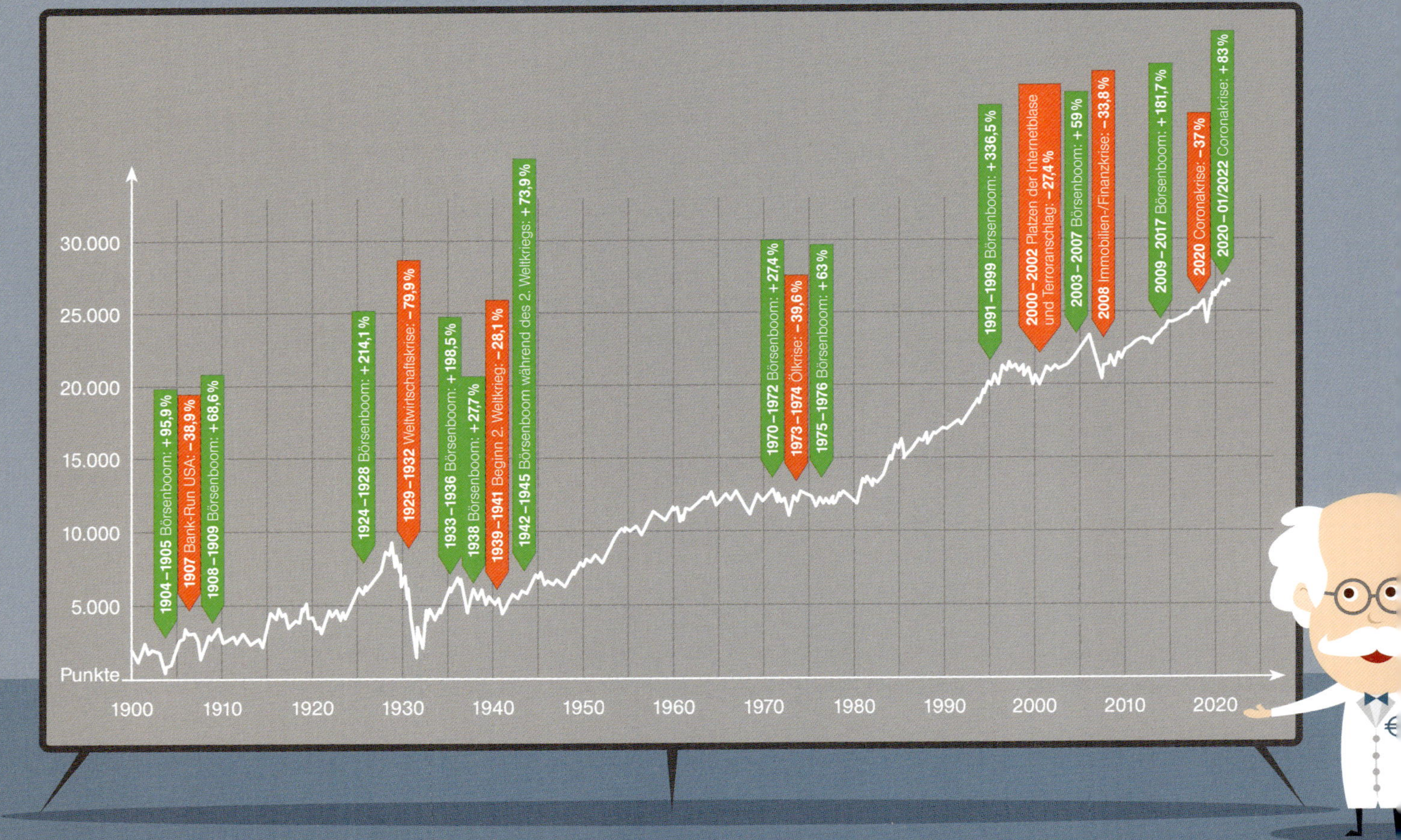

Die Wertentwicklung des Dow Jones 1900 – 01/2022, Quelle: www.boerse.de

Die Weltwirtschaft zwischen Krise und Fortschritt

Samstag, 09:03 Uhr: Lisa ist 17 Jahre alt und Schülerin der 11. Klasse eines Gymnasiums. Ihr Vater Fred wurde von der Coronakrise hart getroffen und musste als Familienvater in Kurzarbeit. Um die wirtschaftlichen Zusammenhänge besser verstehen zu können, hat sie sich als Thema ein besonderes Schulprojekt ausgesucht. Im ersten Teil dieser Arbeit soll sie in die Vergangenheit blicken und die einschneidendsten Wirtschafts- und Börsenkrisen der letzten rund 100 Jahre zu Papier bringen. Sie führt spannende Gespräche, u. a. mit Zeitzeugen, die von ihren persönlichen Erfahrungen berichten. Darüber hinaus macht Lisa in Büchern und im Internet faszinierende und zugleich erschreckende Entdeckungen. Denn Krisen laufen meist nach ähnlichen Mustern ab und bringen wenige Gewinner und viele Verlierer mit sich. Im zweiten Teil der Arbeit soll sie sich mit der Zukunft befassen und mögliche Megatrends der nächsten 10 Jahre herausfinden. Zu diesem Thema hat sie schon den richtigen Ansprechpartner, ihren Onkel Felix von Freudenreich. »Zu diesem Thema werde ich Felix erst morgen befragen«, denkt sich Lisa und beginnt mit der Recherche zum ersten Teil ihres Projekts.

www.professor-money.de/b-dwuk

1907: Finanzpanik – ein Schachzug der herrschenden Klasse

Samstag, 09:03 Uhr: Lisa schlägt ein Geschichtsbuch auf und liest etwas über die Hintergründe der US-Finanzpanik von 1907. Nachdem die Börsen von 1904 bis 1906 um 80 % gestiegen waren, fielen sie 1907 innerhalb weniger Monate um 37 %. »Ähnlich wie zur Coronazeit«, denkt sich Lisa. Die Auswirkung auf die Wirtschaft war katastrophal. Die US-Produktion sank innerhalb eines Jahres um 11 %, die Insolvenzen erhöhten sich um 47 % und die Arbeitslosenquote wuchs von 2,8 % auf rund 8 %. Die Börse stieg allerdings in den Jahren 1908 bis 1909 wieder um über 60 % und machte alle Verluste wett. »Was war da bloß geschehen?«, fragt sich Lisa. John Pierpont Morgan, einer der zu seiner Zeit einflussreichsten Unternehmer, kontrollierte 141 Banken und 36 Eisenbahn- und Industriekonzerne und hatte bis August 1907 großzügig Kredite vergeben. J. P. Morgan verweigerte allerdings die Verlängerung dieser Kredite. Infolgedessen konnten viele Unternehmen und Privatpersonen ihre Kredite nicht mehr bedienen und mussten alles verkaufen. Sparer stürmten daraufhin Banken und hoben ihr Erspartes ab. Bankenpleiten waren die Folge. Am Höhepunkt der Panik, am 24. Oktober 1907, stellte J. P. Morgan Millionenkredite für Staaten und Banken zur Verfügung und beendete damit die Panik. Er ging als Retter in die Geschichte ein und profitierte in doppelter Hinsicht. Er schaltete durch die Wirtschaftskrise unliebsame Konkurrenten aus und konnte sehr günstig Aktien kaufen. Die Folgen waren ein enormer Machtzuwachs und hohe Gewinne in den Jahren danach. J. P. Morgan und John D. Rockefeller kontrollierten bereits 1913 20 % der US-Volkswirtschaft mit über 300 mächtigen Unternehmen.

1923: Die Hyperinflation – mit Vollgas an die Wand

Samstag, 09:20 Uhr: Lisa will mehr über die damalige Zeit wissen und stößt auf die Hyperinflation von 1923 zu Zeiten der Weimarer Republik. Im 1. Weltkrieg hinterließ der Staat einen riesigen Schuldenberg bei der eigenen Bevölkerung und den Siegermächten. Die Reichsbank druckte immer mehr Geld, um vor allem den unzumutbaren Reparationsforderungen der Gewinner des Krieges nachzukommen. Das deutsche Reich konnte aber nur einen Teil davon bezahlen. Daraufhin besetzten die Franzosen und Belgier das Ruhrgebiet und verschlechterten die Versorgung des Landes mit der damals lebenswichtigen Kohle und dem bedeutsamen Stahl. Die Regierung rief zum Streik und passiven Widerstand auf und übernahm durch das Drucken von Banknoten die Löhne der Arbeiter. Immer mehr Geld traf auf immer weniger Ware. Unternehmen waren gezwungen, die Preise erst monatlich und irgendwann mehrmals täglich nach oben anzupassen. So begann ein Teufelskreis der Geldentwertung. Die Menschen gingen bald mit Schubkarren voller Geld zum Einkaufen. Am 9. Juni 1923 kostete in Berlin ein Ei 800 Mark. Sechs Monate später 320 Milliarden Mark. Wer sein Geld in US-Dollar wechseln wollte, bekam für 100.000 Mark gerade einmal einen US-Dollar. Am 2. Dezember 1923, am Höhepunkt der Hyperinflation, entsprach ein US-Dollar 4,2 Billionen Mark. Größter Profiteur dieser Inflation war der Staat, der durch die Einführung einer Übergangswährung, der Rentenmark (später Reichsmark), auf Kosten der Bürger seine Schulden drastisch verringerte. Bargeld, Kontoguthaben und Staatsanleihen wurden wertlos. Immobilienbesitzer konnten ihre Schulden in der Zeit zuvor mit fast wertlosem Geld zurückzahlen. Gold behielt von 1914 bis 1923 seinen Wert und Aktien wurden 1:1 getauscht. Sie unterlagen zwar heftigen Kursschwankungen, überstanden jedoch die Inflationszeit weitaus besser als Sparbücher, Bausparverträge und Lebensversicherungen, die größtenteils zu fast 100 % unwiderruflich vernichtet wurden. Die Kurse der Aktien wiederum erholten sich nur kurze Zeit später deutlich.

www.professor-money.de/b-hinf

1929: Weltwirtschaftskrise – die große Depression

Samstag, 09:44 Uhr: Ein Tag – ein Dollar, ein Jahr – ein Ford, so lautete damals der Werbeslogan des gleichnamigen Autokonzerns, liest Lisa. Bahnbrechende Erfindungen wie Fließbandproduktion, Radio und Tonfilm prägten die goldenen Zwanziger. Während der Börsen-Euphorie 1929 mehrten sich die Anzeichen einer Rezession, nachdem nicht wenige Anleger auf Kredit Aktien gekauft hatten. Egal ob Manager, Dienstmädchen oder Bauarbeiter, alle wollten schnell reich werden und trieben den Aktienmarkt von Hoch zu Hoch. Zwischen 1924 und 1929 verdreifachte sich der ***Dow Jones*** [1], bis sich die überhitzen Anzeichen der Konjunktur bestätigten und die ersten Marktteilnehmer anfingen zu verkaufen. Als Sicherheit für die Banken, die die Kredite zur Verfügung gestellt hatten, wurden Aktien hinterlegt. Als die Börsenkurse fielen, wollten die Banken mehr Sicherheiten, die aber nicht vorhanden waren. Deshalb mussten viele Anleger Aktien verkaufen, um die von den Banken geforderten Sicherheitsleistungen zu erfüllen. Am 24. Oktober 1929 löste das eine beispiellose Verkaufswelle aus, die in einer monatelangen Panik endete. Gefallene Rohstoffpreise führten zu Pleiten in der Landwirtschaft und stürzten immer mehr Unternehmen in eine Rezession, die sich in den Dreißigerjahren in eine große ***Depression*** [2] wandelte. Da die US-Banken die größten Kreditgeber weltweit waren, forderten sie ihr Geld aus dem Ausland, vor allem aus Deutschland zurück, um sich zu retten. So waren auch europäische Banken gezwungen, einen Großteil ihrer Auslandskredite zurückzuziehen. Die internationalen Kapitalströme trockneten so fast vollkommen aus. Importzölle trugen zusätzlich zu einem Stillstand im Außenhandel bei, der wiederum die Industrieproduktion lähmte. Durch massiven Geldabfluss von ausländischen Investoren und Sparern gingen die ersten Banken pleite. Durch kontraproduktive Geldpolitik verschärfte sich die Lage. Massenarbeitslosigkeit entstand und ebnete durch soziale Unruhen den Weg für die Nationalsozialisten. Nach rund 80 % Kursverlust an der ***Wall Street*** [3] erholten sich die Kurse erst wieder ab 1933, durch ein vom neugewählten amerikanischen Präsidenten Roosevelt geschaffenes Konjunkturprogramm namens »New Deal«.

---

[1] ***Dow Jones:*** *Dieser US-Index bildet die 30 größten amerikanischen Unternehmen ab.*

[2] ***Depression:*** *Tiefpunkt der Wirtschaft in einem Konjunkturzyklus, begleitet von fallenden Preisen*

[3] ***Wall Street:*** *Straße in New York City, an der die amerikanische Aktienbörse beheimatet ist*

1948: Währungsreform – Garantie und Pseudosicherheit

Samstag, 09:58 Uhr: Während Lisa eine Pause macht, besucht sie ihren Uropa Otto, der gerade mit seinem Auto zur Tankstelle aufbrechen will. Er hat den 2. Weltkrieg überlebt und die anschließende Währungsreform 1948 in ihrer vollen Wucht abbekommen. »Stell dir vor, Lisa«, erzählt er, »die Schulden des deutschen Staates waren damals so gigantisch hoch, dass die Alliierten beschlossen, die Währung abzuschaffen und eine neue zu installieren. Wir haben damals fast alles verloren. Kontoguthaben, Bausparverträge und Lebensversicherungen wurden um 90–93,5 % unwiederbringlich entwertet. Obwohl wir damals einen Garantiezins von den Banken hatten, war das Geld nicht sicher.« Er hebt den Zeigefinger: »Denn garantierte Zinsen sind immer an zwei Bedingungen geknüpft. Erstens, die Währung existiert. Zweitens, die Bank oder Versicherung als Garantiegeber kann ihr Zahlungsversprechen einhalten. Sollte eine dieser beiden Bedingungen nicht erfüllt sein, ist die Garantie das Papier nicht wert, auf dem sie geschrieben steht!« »Gab es denn auch Gewinner der Währungsreform?«, fragt Lisa. »Ja natürlich. Ein sehr cleverer Freund von mir hat es richtig gemacht. Er besaß eine Immobilie vor der Reform und somit auch eine danach. Er hatte einen Barren Gold in seinem Garten vergraben. Der war auch danach noch unter der Erde. Und er besaß vor der Währungsreform 100 Anteile, also Aktien an Siemens. Da sie 1:1 in die neue Währung getauscht wurden, besaß er sie auch danach noch. Er hatte außerdem 10.000 Reichsmark in die 30 größten Unternehmen Deutschlands investiert. Sie waren nach heftigen Schwankungen nur sechs Jahre später, im Jahr 1954, 13.700 ***DM*** [1] wert. Immerhin eine Rendite von über 5 % pro Jahr. Aber ich und die meisten Deutschen waren damals nicht so schlau und haben fast alles verloren. Trotz dieser finanziellen Tragödie setzen die Deutschen heute immer noch auf Bankkonten, Bausparverträge und Lebensversicherungen.« »Und wie wahrscheinlich ist eine Währungsreform heute?«, fragt Lisa neugierig. »Das weiß niemand, Lisa. Damals kam die Reform am Freitag und am Montag hatten wir schon die neue Währung. Wir konnten uns also nicht dagegen wehren. Aber was ich weiß, ist, dass du dich nur in Sachwerten davor schützen kannst«, meint Otto und fährt mit Lisa zur Tankstelle.

[1] ***DM:*** *Deutsche Mark, die deutsche Währung vor dem Euro*

www.professor-money.de/b-dwrns

1973: Die erste Ölkrise – Preisexplosion an den Tankstellen

Samstag, 10:19 Uhr: An der Tankstelle bezahlt Otto aktuell rund 1,60 € pro Liter Diesel. Das erinnert ihn an die Siebzigerjahre. Durch den Nahostkonflikt drosselte die Organisation Erdöl exportierender Länder (OPEC) ihre Ölförderung. Zu dieser Zeit deckte Deutschland seinen Energiebedarf zur Hälfte mit Öl und bezog es zu 75 % aus den arabischen Ländern. Die OPEC baute gegenüber Israels Verbündeten politischen Druck auf und hoffte, sich durch den höheren Ölpreis besser finanzieren zu können. Deutschland und viele andere Ölimportländer kamen in eine prekäre wirtschaftliche Lage. Uropa Otto weiß noch genau, dass die Regierung damals ein Fahrverbot an Sonntagen aussprach und eine Tempobeschränkung auf Straßen einführte, um Öl einzusparen. Denn die Ölreserven würden nur drei Monate ausreichen, so die Politiker, die eine schlimme Rezession befürchteten. Die Medien schürten mit immer katastrophaleren Überschriften zusätzlich die Angst in der Bevölkerung. Durch die höheren Kosten brachen die Autoindustrie und das Baugewerbe um 16 % ein. Die Wirtschaftsleistung ging 1975 allerdings nur um 1,8 % zurück, während sich die Arbeitslosenrate fast vervierfachte auf 4,8 %. Aus heutiger Sicht nicht viel, damals schon, da 1972 gerade einmal 246.433 Arbeitslose registriert waren. 1974 betrug die Inflation 7 %. Der ***DAX***[1)] verlor 1973 rund ein Viertel seines Wertes, das er aber 1975 mit einem Zuwachs um rund 40 % wieder aufholte. Denn in diesem Jahr hellte sich die politische und wirtschaftliche Lage auf. Die Abhängigkeit vom Öl wurde durch den Bau von 40 Atomkraftwerken und Investitionen in Wind- und Solaranlagen reduziert und ein neuer Aufschwung begann. »Übrigens«, erzählt Otto, »wenn du mehr über den Börsencrash 1987 wissen willst, frag deinen Onkel Felix, der hat ihn hautnah miterlebt.« »Das werde ich machen, danke«, sagt Lisa und verabschiedet sich.

[1)] ***DAX:*** *Der Deutsche Aktienindex spiegelt die 30 größten und liquidesten deutschen Unternehmen wider.*
Er repräsentiert rund 80 % der Marktkapitalisierung aller börsennotierten Aktiengesellschaften in Deutschland.

1987: Börsencrash – der schwarze Montag

Samstag, 11:30 Uhr: Lisa klingelt bei Ihrem Onkel Felix. Da sie pünktlich zum Mittagessen zurück sein muss, fällt sie gleich mit der Tür ins Haus und befragt ihn zum Börsencrash 1987. Felix von Freudenreich war damals schon an der Börse aktiv und kann sich noch genau erinnern. »Es war 8 Uhr morgens an jenem Schwarzen Montag« erzählt er, »und ich suchte meinen Schlüssel. Ich war schon spät dran und musste pünktlich im Büro sein. Aber der doofe Schlüssel war einfach nicht auffindbar. Anstatt zielgerichtet zu suchen, brach ich in Hektik aus. Emotional aufgeladen rief ich laut nach meiner Frau, ob sie wisse, wo der Schlüssel ist. Nach dem Ausbleiben einer Antwort, weil sie mich nicht hörte, rief ich noch lauter. Eine Diskussion über Ordnung entbrannte, die noch mehr Hektik erzeugte.« Felix muss schmunzeln. »Binnen weniger Minuten wurden aus uns beiden rational denkenden Erwachsenen hochemotionale Zweijährige. Heute kann ich darüber lachen, damals konnte ich es nicht. Ich denke, ähnliche Situationen kennen wir alle. So ungefähr musst du dir den Börsenkrach 1987 vorstellen, der mit dem höchsten Tagesverlust aller Zeiten, nämlich mit 22,6 % Minus im Dow Jones, in die Geschichte einging. Rational erklärbare Gründe gab es viele. Seit 1980 hatten sich die Kurse verdreifacht. Als dann jedoch eine große Masse an Menschen zur selben Zeit durch eine einzige Tür wollte, entstand Panik. Die seinerzeit erst kurz zuvor eingeführten elektronischen Handelssysteme trugen durch unlimitierte Verkäufe ihren Teil zur Verkaufslawine bei und verschärften die Abwärtsspirale. Früher gab es weder Internet noch E-Mail. Die überforderten Faxe und Drucker sowie die überlasteten Telefonleitungen führten zusätzlich zu einer verzögerten Ausführung der Verkaufsaufträge und wurden zu Brandbeschleunigern. Wirklich systemrelevante und realwirtschaftliche Hintergründe wie bei der Finanzkrise 2008 gab es nicht wirklich. Deshalb stieg die Börse danach wieder sehr schnell.« »Wie beim Streit von dir und deiner Frau?«, fragt Lisa. »Exakt. Der Streit war sachlich betrachtet völlig unnötig. Aber Emotionen sind menschlich und gehören zum Leben. Das gilt auch für das Börsenleben«, resümiert Felix. Lisa bedankt sich für die Anekdote, verabschiedet sich und geht nach Hause.

2000: Das Platzen der Spekulationsblase Internet

Samstag, 12:04 Uhr: Als Lisa zu Hause ankommt, sitzt gerade Leo Lebemann am Mittagstisch. Er ist ein alter Schulfreund ihres Papas. Sie setzt sich dazu, während Leo gerade wieder einmal von seinen Verlusten zu Zeiten des Internet-Hypes um die Jahrtausendwende berichtet. Er erzählt, wie damals nach einem beispiellosen Vormarsch des Internets in den Neunzigerjahren die Zahl der weltweiten Internetnutzer von 16 Millionen im Jahr 1995 auf über 300 Millionen zur Jahrtausendwende explodierte. In dieser Zeit sprossen neue Geschäftsmodelle wie Pilze aus dem Boden. Nicht nur bei Leo entstand eine Euphorie, sondern bei rund 30 % aller Deutschen. Leo und auch viele andere wurden gierig und kauften Aktien, die sie weder kannten, noch verstanden. Preise spielten keine Rolle. Leider kannte sich Leo überhaupt nicht mit Aktien und ihrer Bewertung aus. Er ließ sich durch seine Gier leiten und die Aktien schossen mehrere Hundert Prozent nach oben, bis die Preise astronomische Höhen erreicht hatten und die Gewinnerwartungen vieler Unternehmen nicht mehr erfüllt werden konnten. Im März 2000 kam es zu einem jähen Ende dieser Spekulationsblase. Die Anleger, die mit Krediten Aktien gekauft hatten, verloren buchstäblich Haus und Hof. Die Aktien der Internetunternehmen brachen ein und eine noch nie da gewesene Pleitewelle folgte. Nur wenige Unternehmen wie z. B. Amazon oder Alphabet überlebten. Leo verlor sein ganzes Vermögen. Er schwor sich, nie wieder Aktien anzurühren. Leider kannte Leo die goldenen Regeln der Geldanlage nicht. Jede Innovation erschafft neue Unternehmen und treibt viele andere in die Pleite. Als Carl Benz 1886 das Automobil erfand, gingen in den Jahren darauf die meisten Anbieter von Pferdekutschen pleite. Innovationen sind zerstörerisch und schöpferisch zugleich. Das Alte verliert, das Neue gewinnt. Das Internetzeitalter war geboren.

2008: Finanzkrise – Bankenpleiten auf der Tagesordnung

Samstag, 13:03 Uhr: Nach dem Mittagessen sitzen Lisas Vater Fred und Leo am Tisch und unterhalten sich über die Finanzkrise von 2008. Leo grinst hämisch, als es um die Kursverluste von 40 % des DAX geht. Denn er war wegen seiner schlechten Erfahrungen im Internet-Hype diesmal nicht betroffen. Er hatte ja zuvor fast alles verloren. Lisa will mehr darüber wissen. Sie geht in ihr Zimmer und liest nach. Durch die Internetblase der Jahrtausendwende und den Terroranschlag vom 11. September 2001 drohte den USA eine Wirtschaftskrise. Deswegen senkte die amerikanische Zentralbank ***FED***[1] die Zinsen, um Menschen mit geringerem Einkommen die Finanzierung eines Eigenheims zu ermöglichen. Die Banken verlangten dafür wenig Sicherheiten. In den USA wird meist mit kurzer Zinsbindung finanziert, d. h. Häuslebauer müssen damit rechnen, dass der Zins schon innerhalb eines Jahres angepasst wird und ihr Hauskredit deutlich teurer oder auch billiger wird. Das wurde 2008 zum Problem. Fallen Kredite aus, weil Kreditnehmer sie nicht mehr bedienen können, spricht man von Kreditausfallrisiko. Um dieses Risiko zu verringern, haben Banken – vereinfacht dargestellt – die Darlehen in neue Wertpapiere zusammengefasst und Anteile an diesem Topf an Dritte in aller Welt weiterverkauft. Die Anteilsscheine, die hohe Renditen versprachen, fanden reißenden Absatz, da diese neuen Wertpapiere mit Bestnoten ausgestattet wurden, obwohl sie mangelhaft waren. »Schön, wenn das in der Schule auch möglich wäre«, denkt Lisa. Je größer die Immobilienblase wurde, desto stärker erhöhte die Zentralbank die Zinsen. Daraufhin konnten die Kreditnehmer die Zinsen nicht mehr bezahlen und verloren ihre Häuser an die Banken. Das geschah millionenfach. So sanken die Häuserpreise und die Banken erzielten bei Versteigerungen weniger Geld, als sie Kredit gewährt hatten. Selbst die Banken untereinander vertrauten sich nicht mehr. Denn keine wusste, wie viele faule Kredite die andere in ihrer Bilanz hatte. Gleichzeitig brach der weltweite Handel ein. So kam es zu einer Rezession in den USA und Europa. China hingegen wuchs 2009 mit über 9 %. Das hatte zur Folge, dass nicht die gesamte Weltwirtschaft ins Minus rutschte, sondern mit 0 % Wachstum im Jahr 2009 standhielt.

---

[1] ***FED:*** *Federal Reserve System, amerikanische Notenbank*

2020: Coronapandemie – die staatlich angeordnete Wirtschaftskrise

Samstag, 13:43 Uhr: Als Leo sich verabschiedet, fragt Lisa ihren Vater. »Ist die Sache mit dem Coronavirus auch eine Wirtschaftskrise?« »Ja, natürlich«, antwortet er und ergänzt mürrisch: »Ich bin doch aktuell in Kurzarbeit, weil mein Arbeitgeber jetzt weniger Aufträge bekommt.« Lisa recherchiert: Als das neuartige Coronavirus SARS-CoV-2 das erste Mal in Wuhan nachgewiesen wurde, reagierte die chinesische Führung drastisch. Sie stellte die ganze Region unter Quarantäne und die Menschen durften nur noch das Nötigste konsumieren. Der Westen reagierte zunächst verwundert. Einige Wochen später befand sich der Rest der Welt ebenfalls im staatlich verordneten Lockdown. So einen Ausnahmezustand ohne Krieg gab es noch nie. Weltweit kam es fast zeitgleich zu einem Nachfrage- und Angebotsschock. Die Verbraucher konnten wegen der Ladenschließungen und Ausgangssperren nicht mehr wie gewohnt konsumieren. Unternehmen schickten ihre Mitarbeiter in den Zwangsurlaub. Produktionsausfälle verursachten die Unterbrechung weltweiter Lieferketten, der Absatz ging in den Keller. Die internationalen Börsen reagierten prompt und sanken so schnell wie noch nie. Der deutsche Aktienindex DAX verlor an einem Tag rund acht Prozent, der stärkste Rückgang seit dem 11. September 2001. In einem Monat fielen deutsche Aktien rund 40 %, der größte amerikanische Aktienindex S&P 500 verlor über 30 %. Sogar Gold, oft als Krisenwährung bezeichnet, büßte innerhalb von nur 12 Tagen 12 % ein. Die Nachfrage nach Öl ging drastisch zurück. Zur gleichen Zeit gab es interne Streitigkeiten über die Ölfördermenge der Förderländer. So entstand ein Überangebot und ließ den Ölpreis zeitweise um über 30 % einbrechen. Der heftigste Einbruch seit 30 Jahren. Wochen später sank der Preis für Texas-Öl sogar kurzzeitig deutlich unter null. Das gab es in der ganzen Wirtschaftsgeschichte noch nie. Aber wie so oft an der Börse folgt auf Regen Sonnenschein. Schon kurz nach dem vierwöchigen massiven Ausverkauf an allen Märkten zogen die Kurse wieder rasant an und erzielten in kürzester Zeit die größten Gewinne der Nachkriegszeit. Ein wesentlicher Grund dafür waren die Hilfsprogramme der Regierungen und Zentralbanken in Billionenhöhe.

Die historische Wahrheit – der Weg zur Selbsterkenntnis

Samstag, 10:15 Uhr: Der rasende Reporter Rudi Rastlos wird täglich mit zahlreichen Leserfragen konfrontiert. Er schreibt für eine Zeitung im Ressort Wirtschaft und Finanzen. Die meisten Fragen drehen sich rund um das Thema Geldanlage. Dazu lädt er Professor Money zum Interview ein und stellt ihm alle kritischen Fragen, um Licht in den dunklen Finanzdschungel zu bekommen. Er erarbeitet eine Liste von Fragen. Gibt es wirklich wahre Sicherheit beim »Geld anlegen«? Was passiert, wenn meine Bank pleite geht? Wie kann ich mein Geld rechtlich sicher anlegen? Wie legt man in Krisenzeiten sicher und gewinnbringend Geld an? Hat der Euro eine Zukunft? Dient Gold wirklich als sicherer Hafen? Was ist die beste Geldanlage der Welt? Fragen über Fragen. Rudi ist schon sehr gespannt auf die Antworten des Experten.

Die wahre Sicherheit beim Geldanlegen

Samstag, 10:27 Uhr: Gleich nach der Begrüßung stellt Reporter Rudi Rastlos, der immer in Eile ist, die erste Frage: »Herr Professor Money, wie legt man in unsicheren Zeiten sinnvoll Geld an?« Dieser antwortet: »Lege nie alle Eier in einen Korb. Je breiter die Streuung, desto höher die Sicherheit. Hier ein Beispiel: Stell dir vor, du hast eine Schatzkiste mit 1.000 Münzen und willst sie sicher über den Ozean verschiffen. Wenn du auf Nummer sicher gehen willst, verteile jede Münze auf ein anderes Schiff und schicke sie zu unterschiedlichen Zeiten los. Die Wahrscheinlichkeit, dass alle 1.000 Schiffe untergehen, tendiert gegen null. Die Wahrscheinlichkeit jedoch, dass mindestens 990 Schiffe ankommen, ist extrem hoch. Die Schiffe stehen hierbei für unterschiedliche Anlageformen wie Immobilien, Aktien, Rohstoffe, Edelmetalle, Währungen, Kryptowerte, ***Anleihen*** [1)] und Tagesgeld. Gerade, weil niemand die Zukunft kennt, ist es am schlausten, von allem ein bisschen zu besitzen.« »Das klingt logisch«, sagt Rudi und fragt weiter: »Aber wie kann ein Normalbürger diese Strategie einfach umsetzen? Denn die meisten haben doch weder Lust noch Zeit oder das Know-how, sich täglich damit zu beschäftigen.« »Aus diesem Grund und vor allem aus Sicherheitsgründen wurde vor 400 Jahren die Investmentidee geboren. Ein Investmentfonds ist wie ein großer Kochtopf und der Fondsmanager der Chefkoch. Er serviert seinen Gästen, groß wie klein, eine Geldanlage, gewürzt mit unterschiedlichen Anlagestrategien. Die Spanne der Schwankung dürfen die Gäste dabei selbst auswählen. Bei über 10.000 zugelassenen Fonds und ***ETFs*** [2)] ist für jeden Geschmack etwas dabei. Die Zutaten dagegen sind vielfältig. In einem gemischten Fondstopf sind Hunderte Unternehmen, Anleihen, Edelmetalle, Rohstoffe und Währungen enthalten. Aber Vorsicht, bei vielen der Köche ist die Suppe versalzen und für den Gast ungenießbar. Nur ein kleiner Teil der Köche gehört zur Weltspitze und liefert tatsächlich und kontinuierlich Fünf-Sterne-Kost.«

[1)] ***Anleihe:*** *Ein Staat oder ein Unternehmen leiht sich durch so ein Wertpapier Geld zu einem festen Zins. Nach einer gewissen Laufzeit gibt der Schuldner das geliehene Geld zurück. Die Zinsen werden jährlich entrichtet.*

[2)] ***ETF:*** *Ein Exchange Traded Fund oder ETF ist ein Wertpapierfonds, der einem Börsenindex nachgebildet ist und an der Börse gehandelt wird.*

www.professor-money.de/b-gus

Breite Streuung bringt mehr Sicherheit.
Hinweis: Dieser Anlagemix stellt keine Empfehlung dar und dient ausschließlich Illustrationszwecken.

Jeder Konsument kann vom gesamten Konsum profitieren.

Der Konsument – die Basis für dein Vermögen

Samstag, 10:33 Uhr: »Was macht Investmentfonds eigentlich so sicher?«, fragt Rudi weiter. Professor Money antwortet mit einer Gegenfrage: »Rudi, wer sorgt jeden Tag dafür, dass die Unternehmen in der Wirtschaft überhaupt Umsatz machen?« Rudi: »Na wir.« Der Professor erläutert weiter: »Exakt, wir nutzen und kaufen täglich Waren und nehmen Dienstleistungen in Anspruch und die Unternehmen realisieren aus den Umsätzen Gewinne. Die Aktionäre, also die Besitzer dieser Unternehmen, profitieren davon. Das sind all diejenigen, die genau wissen, dass täglich konsumiert wird. Wenn du für zwei Euro eine Zahnpasta kaufst, beinhaltet der Preis z. B. einen Euro Gewinn, der in die Kasse des Unternehmens fließt und das Vermögen der Aktionäre mehrt. Der Weltmarktführer für Zahnpasta, Colgate-Palmolive, verkauft jährlich rund sieben Milliarden Tuben. In Deutschland werden drei Milliarden Windeln verbraucht, jedes Jahr. Die Aktiengesellschaft Procter & Gamble mit ihrer Marke Pampers freut sich. Du benutzt jeden Tag ein Deo, vielleicht von Nivea, einer Marke der Beiersdorf Aktiengesellschaft, benutzt dein Smartphone, nutzt dein Auto oder trinkst dein Feierabendbier. 90 % der Güter des täglichen Bedarfs werden von Aktiengesellschaften hergestellt und diese machen dadurch Gewinne. Freilich geht das ein oder andere Unternehmen pleite, deswegen ist und bleibt eine Firma immer eine Spekulation. Viele Unternehmen, weltweit gestreut, hingegen sind eine Investition. Konzerne verdienen mit jedem Verkauf von Waren und Dienstleistungen an uns Konsumenten Geld. Jeden Tag, jede Minute und jede Sekunde, ob wir es wollen oder nicht. Deshalb ist es nicht nur schlau, sondern auch sozial gerecht, dass wir als Konsumenten nicht nur Umsatzbringer für das Unternehmen sind, sondern gleichzeitig auch Profiteure. Solange wir weiterhin konsumieren und unser Nachbar auch, können wir uns entspannt langfristig am Rad der Wirtschaft beteiligen, denn es dreht sich immer weiter, auch in Krisen. Unabhängig von der Währung, gegen die wir Güter und Dienstleistungen tauschen.«

www.professor-money.de/b-dk

Die rechtliche Sicherheit deines Geldes

Samstag, 10:43 Uhr: »Und was passiert mit dem Geld, wenn die Bank pleite geht?«, fragt Rudi. »Es spielt für den Anleger keine Rolle, da sein Fondsvermögen zum rechtlich geschützten Sondervermögen gehört und dem strengen Wertpapierhandelsgesetz unterliegt (§ 92 Kapitalanlagegesetz).« »Was genau ist denn Sondervermögen?«, fragt der Reporter dazwischen. »Stell dir vor, Rudi«, sagt der Professor, »du besitzt drei Immobilien und lässt sie von einem Verwalter betreuen. Der meldet Konkurs an. Hast du dann deine drei Immobilien immer noch?« »Na klar«, antwortet Rudi. Der Professor fährt fort: »Du setzt also einen neuen Verwalter ein und die Sache läuft wie gewohnt weiter. Genauso wird dein Fondsvermögen von einer Depotbank als Sondervermögen in Form von Anteilen verwahrt und ist vor jeglichen Zugriffen Dritter und der Bank selbst geschützt. Denn das Geld in Fonds wird strikt getrennt vom restlichen Bankvermögen und zählt rechtlich nicht zur Konkursmasse der Bank. Du bleibst also Eigentümer deines eigenen Geldes. Bei einer Kontoeröffnung hingegen ändert sich dein Rechtsstatus und du wirst zum Gläubiger deines eigenen Geldes.« »Aber 100.000 € pro Konto sind doch geschützt«, merkt Rudi an. »Das ist richtig, zumindest momentan noch. Fakt ist aber, dass über 3.000 Mrd. € an Kundenguthaben auf den Konten existieren, die nur durch 50 Mrd. € im privaten Einlagensicherungsfonds gedeckt sind. Eine große Gefahr. Die Rahmenbedingungen können jedoch bei Verschärfung der Wirtschaftslage beliebig verändert werden. Ein Gesetz dazu gibt es bereits. Sollten Banken in ernste Schieflage geraten, können die Kontoinhaber an der Pleite der Bank mit bis zu 100 % beteiligt werden. Theoretisch und auch praktisch kann das bis zu einem Totalverlust des eigenen Kontoguthabens führen. So eine von der Regierung durchgeführte Enteignung gab es bereits zweimal im letzten Jahrhundert. Ein Depotkonto in Form von Sondervermögen blieb zu jeder Zeit geschützt.«

www.professor-money.de/b-sond

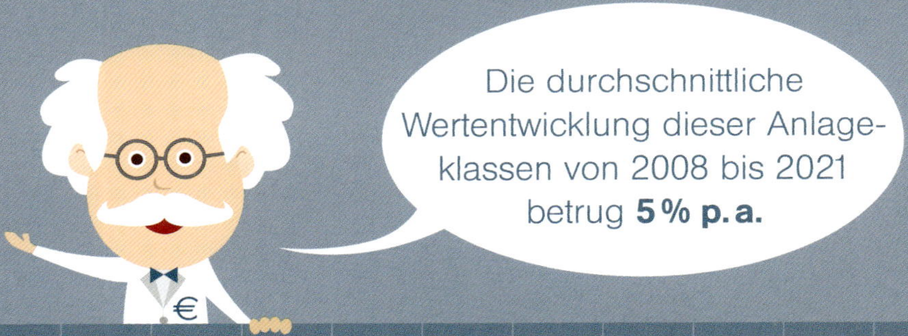

ANLAGEKLASSE	2008	2009	2010	2011	2012	2013	2014	2015	2016	2017	2018	2019	2020	2021
DAX	-40,4 %	+23,9 %	+16,1 %	-14,7 %	+29,1 %	+25,5 %	+2,7 %	+9,6 %	+6,9 %	+12,5 %	-18,3 %	+25,5 %	+3,6 %	+15,8 %
Dow Jones	-33,8 %	+18,8 %	+11,0 %	+5,5%	+7,3 %	+26,5 %	+7,5 %	-2,2 %	+13,4 %	+25,1 %	-5,6 %	+22,3 %	+7,3 %	+18,7 %
Schwellenländer	-50,8 %	+73,4 %	+27,5 %	-15,4%	+16,8 %	-6,5 %	+11,8 %	-4,9 %	+14,9 %	+17,5 %	-14,6 %	+15,3 %	+8,2 %	+4,6 %
Gold	+8,1 %	+24,7 %	+37,7 %	+15,4%	+3,7 %	-30,8 %	+13,1 %	-1,2 %	+12,7 %	-1,5 %	+3,5 %	+21,3 %	+13,4 %	+4,3 %
Öl	-49,9 %	+73,7 %	+25,2 %	+18,7%	-0,4 %	-2,9 %	-39,7 %	-26,8 %	+55,6 %	+1,1 %	-16,2 %	+27,1 %	-28,2 %	+64,6 %
Anleihen	+10,2 %	+4,9 %	+4,0%	+8,3%	+4,6 %	-0,5 %	+7,1 %	+0,5 %	+2,3 %	-1,0 %	+1,5 %	+1,1 %	+1,2 %	-1,7 %
Tagesgeld	+1,9 %	+1,1 %	+0,7 %	+0,8%	+0,7 %	+0,4 %	+0,3 %	+0,2 %	+0,2 %	+0,2 %	+0,2 %	+0,2 %	+0,1 %	+0,1 %
RENDITE GESAMT	**-19,0 %**	**+21,3 %**	**+15,8 %**	**+0,7%**	**+10,5 %**	**+5,5 %**	**+4,4 %**	**-0,7 %**	**+10,3 %**	**+9,4 %**	**-6,0 %**	**+16,0 %**	**+4,0 %**	**+10,9 %**

Hinweis: Dieser Anlagemix stellt keine Empfehlung dar und dient ausschließlich Illustrationszwecken.

Vermögensaufbau ohne schlaflose Nächte

Samstag, 10:49 Uhr: »Aber wenn es an der Börse crasht, verlieren doch die Anleger ihr Geld, oder nicht?«, fragt Rudi überzeugt. »Lass mich bitte die goldene Regel der sicheren Geldanlage näher erläutern«, sagt Professor Money. »Wir sprachen bereits über unterschiedliche Anlageformen. Sprechen wir über ein reales Beispiel. Nehmen wir an, du hättest zum denkbar schlechtesten Zeitpunkt, am 1. Januar 2008 vor der globalen Finanzkrise, 50.000 € in Aktien investiert, dann hättest du in diesem Jahr im DAX rund 40 %, im Dow Jones 33 % und mit Aktien aus Schwellenländern 50 % verloren, sofern du alles verkauft hättest. Wer die goldene Regel der breiten Streuung allerdings beherzigt hat, verlor in diesem Jahr rund 19 %. Mit einem Plus von rund 21 % im darauffolgenden Jahr 2009 waren diese Anleger schon fast wieder in der Gewinnzone. Warum? Weil sie über einen Investmentfonds nur einen Teil in Aktien investiert und den Rest auf Anleihen, ein Tagesgeldkonto und Gold verteilt haben. Diese breite Streuung minimiert die täglichen Kursschwankungen und bringt das Anlageschiff wesentlich ruhiger durch den Sturm als die Investition in nur eine Anlageform. Vom schlechtesten Anlagezeitpunkt 2008 bis Dezember 2020 haben die Anleger trotz der Coronakrise im Durchschnitt 5 % pro Jahr erwirtschaftet, und das ohne Achterbahnfahrt mit deutlich besser verdaulichen Schwankungen. Darüber hinaus lag die Rendite eindeutig über der durchschnittlichen Inflation. Die Anleger konnten dabei ruhig schlafen und haben nichts an Kaufkraft eingebüßt. Sofern die breite Streuung und der Zeithorizont von mindestens fünf, besser zehn Jahren eingehalten wird, kann von einer wahrhaftigen Sicherheit gesprochen werden. Mit Spekulation und Risiko hat diese Form der Geldanlage reichlich wenig zu tun. Bei einer Anlage in Immobilien vergleichsweise bringen die Anleger automatisch einen Zeithorizont von zehn Jahren aufwärts mit, warum nicht auch bei einer Anlage in Investmentfonds?«

www.professor-money.de/b-bfdg

Geld, Geduld und Zeit – die Heilsbringer?

Samstag, 10:55 Uhr: »Nur, wie kann ich mir ganz sicher sein, dass ich auf keinen Fall Verlust mache?«, fragt Rudi. Der Professor antwortet lächelnd: »Wie kannst du dir sicher sein, dass du bis dahin noch lebst?« »Gar nicht, aber ich hoffe doch«, erwidert Rudi. »Genau. Alles beruht auf Wahrscheinlichkeiten. So verhält es sich auch beim Geldanlegen. Wer heute anlegt und nächstes Jahr ein Auto damit kaufen will, sollte die Finger von einem Depot jeglicher Art lassen. Gemäß meiner Untersuchung aller 5-, 10-, 20- und 30-Jahres-Zeiträume bis 1968 zurückgerechnet, konnte man ab einer Anlagedauer von zehn Jahren aufwärts noch nie Geld verlieren. Als Basis für die Berechnung dient ein Korb von deutschen und amerikanischen Aktien sowie Anleihen zu je einem Drittel. Aus 50 untersuchten 5-Jahres-Zeiträumen konnten 47, also 94 % positiv abschneiden und nur drei mit kleinem Negativergebnis. Alle 20- und 30-Jahres-Zeiträume waren, wie auch die 10-Jahres-Perioden, durchweg positiv.« »Neben der Streuung ist also Zeit das alles entscheidende Argument?«, fragt Rudi. »So ist es«, antwortet der Professor. »Die Erkenntnis hierbei ist, dass sich die schlechtesten und die besten Phasen immer dem Durchschnitt angleichen. Warum? Die Wirtschaft atmet ein und aus. So wie du. Mal bist du guter Stimmung, mal schlecht gelaunt. Beide Zustände gleichen sich in längeren Zeiträumen immer wieder aus und führen zu einer historischen Normalität von durchschnittlich rund 7 % bis 8 % Rendite pro Jahr. Die Berechnungen ließen sich noch beliebig 100 Jahre oder länger in die Vergangenheit fortführen. Das Ergebnis wäre immer dasselbe. Bis auf einen 5-Jahres-Zeitraum von 1948 – 1953, da betrug das Ergebnis -4 % pro Jahr. Wer noch ein Jahr bis 1954 warten konnte, verbuchte 5 % plus pro Jahr. Durch die Währungsreform jedoch erlitten Sparbücher, Bausparverträge und Lebensversicherungen die höchsten unwiederbringlichen Verluste von bis zu 93,5 % und trafen den Großteil der Bevölkerung mit bitteren Vermögensverlusten.«

www.professor-money.de/b-ggz

5-Jahres-Zeiträume

Es gab 50 5-Jahres-Zeiträume von 1968 bis 2021, davon waren 47 Perioden positiv (94 %) und 3 negativ (6 %).

10-Jahres-Zeiträume

Es gab 45 10-Jahres-Zeiträume von 1968 bis 2021, davon waren 100 % positiv.

20-Jahres-Zeiträume

Es gab 35 20-Jahres-Zeiträume von 1968 bis 2021, davon waren 100 % positiv.

30-Jahres-Zeiträume

Es gab 26 30-Jahres-Zeiträume von 1968 bis 2021, davon waren 100 % positiv.

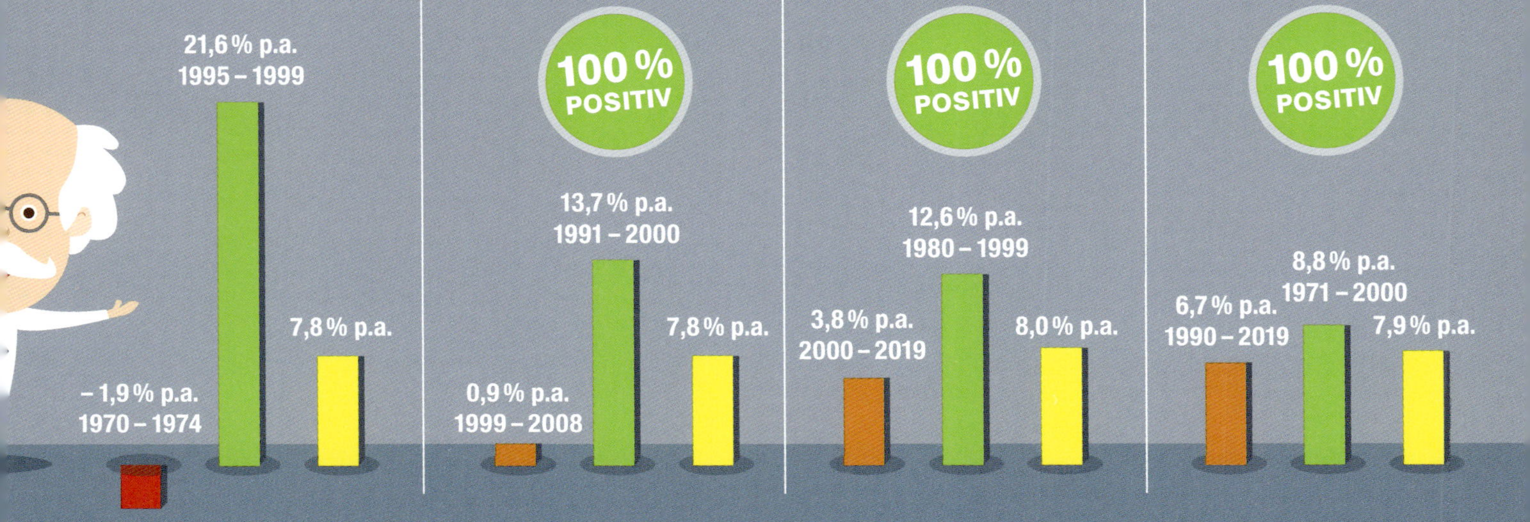

Negativer Wert | Schlechtester Wert | Bester Wert | Durchschnitt

Quelle: DAX, S&P 500, REX zu je einem Drittel

5-Jahres-Zeiträume

Es gab 45 5-Jahres-Zeiträume von 1973 bis 2021, davon waren 28 positiv (62 %) und 17 negativ (38 %).

10-Jahres-Zeiträume

Es gab 40 10-Jahres-Zeiträume von 1973 bis 2021, davon waren 27 positiv (68 %) und 13 negativ (32 %).

20-Jahres-Zeiträume

Es gab 30 20-Jahres-Zeiträume von 1973 bis 2021, davon waren 24 positiv (80 %) und 6 negativ (20 %).

30-Jahres-Zeiträume

Es gab 20 30-Jahres-Zeiträume von 1973 bis 2021, davon waren 20 positiv (100 %) und 0 negativ.

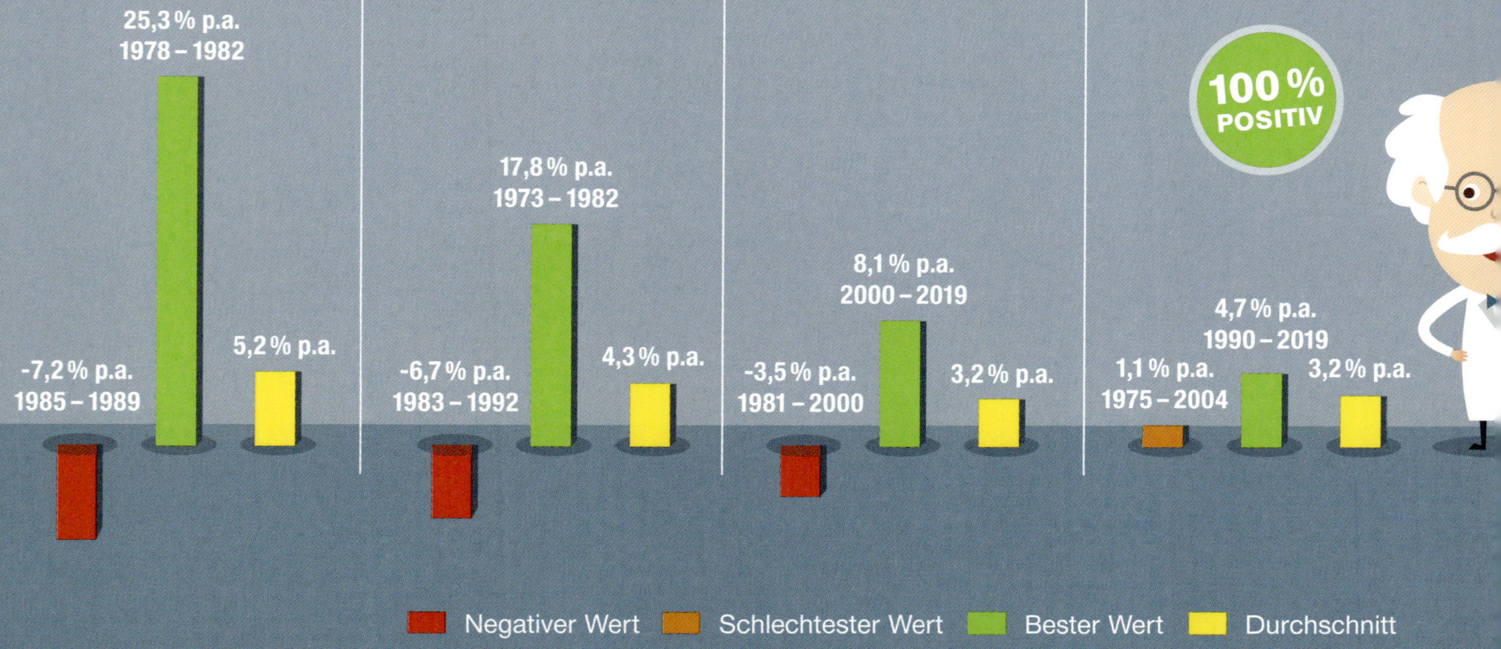

Quelle: Gold in Euro

Gold – zwischen Spekulation und Sicherheit

Samstag, 11:00 Uhr: »Es heißt immer, Gold ist der sichere Hafen. Stimmt das denn überhaupt?«, fragt Rudi. Der Professor antwortet: »Wer all sein Geld in eine Anlageform investiert, egal welche, ist ein Spekulant. Gold selbst ist ein nicht beliebig vermehrbares Edelmetall und Tausende Jahre alt. Mit einer ***Feinunze Gold***[1] konnte man vor Tausenden Jahren schon einen edlen Umhang kaufen, so wie heute einen schicken Anzug. Was die Geldanlage auf unterschiedliche Zeiträume anbelangt, so waren die Ergebnisse mehr als ernüchternd. Meine Untersuchung aller 5-, 10-, 20-, und 30-Jahres-Zeiträume ab 1973 hat ergeben, dass Goldanleger erst ab einem Zeitraum von 30 Jahren durchweg positive Renditen erzielen konnten. In 20 30-Jahres-Zeiträumen wurden im Schnitt 3 % pro Jahr erzielt. Überraschenderweise ist der Anteil der positiven 20-Jahres-Zeiträume bei nur 80 %. Der Anteil der negativen 5- und 10-Jahres-Zeiträume ist erstaunlich hoch und beträgt zwischen 32 % und 38 %. Das heißt, Goldanleger haben in all diesen Zeiträumen rund ein Drittel ihres Geldes verloren.« »Also kann man mit Gold nicht nur gewinnen?«, fragt Rudi überrascht. »Das ist ein Mythos. Dennoch kann es als Beimischung in einem Depot sinnvoll sein, da es sich oft gegensätzlich zu Aktien entwickelt und Anleger Schwankungen in ihrem Depot reduzieren können. Dies wiederum führt in der Regel zu einem ruhigeren Schlaf. Außerdem dient es als Versicherung gegen eine Währungskrise. Da Gold allerdings keine Erträge erzielt, hängt der Preis ausschließlich von Angebot und Nachfrage ab und liefert keine laufenden Erträge wie z. B. Immobilien und Aktien. Aktuell und in den nächsten Jahren werden sich vor allem auch Krypto-Vermögenswerte etablieren und Einzug in ein standardisiertes Vermögensverwaltungsportfolio finden. Am Ende wird die richtige Mischung über den Anlageerfolg entscheiden. Denn Anleger sollten sowohl die Sicherheit als auch die Rendite oberhalb der Inflation im Blick haben. Nur so wird deine Suppe auch langfristig genießbar«, gibt der Professor zu verstehen.

[1] ***Feinunze Gold:*** *31,1 Gramm*

www.professor-money.de/b-gold

Wie wurde aus 1.000 US-Dollar ein Vermögen?

Samstag, 11:12 Uhr: »Professor Money, ihre Ergebnisse basieren auf Fakten und überraschen mich. Abschließend habe ich noch eine Frage: Was war langfristig die sowohl sicherste als auch ertragreichste Geldanlage der Welt, wenn es eine solche überhaupt gibt?«, fragt der stichelnde Reporter. Davon unbeeindruckt antwortet ihm Professor Money: »Rudi, stell dir vor, dein Ur-Ur-Uropa hätte im Jahr 1900 1.000 US-Dollar in eine Schatulle gelegt, die generationsübergreifend weitervererbt wurde. Du machst sie heute auf. Was findest du vor?« »Natürlich 1.000 US-Dollar«, antwortet Rudi schnell. »Genau, allerdings mit einem entscheidenden Unterschied zu damals. Deine Kaufkraft wäre um 97 % gesunken. Das heißt, die 1.000 US-Dollar damals sind heute nur noch 30 US-Dollar wert. Denn die Inflation hat mit 2,9 % pro Jahr zugeschlagen«, antwortet der Professor. »Und was wurde aus Gold die letzten 121 Jahre?«, fragt Rudi verdutzt. »Aus 1.000 US-Dollar, angelegt in Gold, wurden in rund 121 Jahren gerade einmal 2.981 US-Dollar nach Inflation, sprich 0,9 % Rendite pro Jahr. Also das Vermögen konntest du erhalten, aber nicht wesentlich mehren. Die ***kurzfristigen Zinsen*** [1] haben die 1.000 US-Dollar mit 1,1 % nach Inflation verzinst. Somit entstanden 3.600 US-Dollar. Die ***langfristigen Zinsen*** [2] erbrachten ein Guthaben von 7.421 US-Dollar, sprich 1,7 % pro Jahr«, antwortet der Professor wie aus der Pistole geschossen. »Also waren die Aktien die Gewinner?«, fragt Rudi. »So ist es. Aus 1.000 US-Dollar, angelegt im amerikanischen Aktienmarkt, wurden sage und schreibe 2,5 Mio. US-Dollar. Das sind 6,7 % Rendite pro Jahr nach Inflation. Diese Zeit wurde geprägt durch die allerschlimmsten Krisen der Menschheits- und Wirtschaftsgeschichte. Ich weiß, es klingt unglaublich, aber Aktien bestehen nicht nur aus ***Kursgewinnen*** [3], sondern profitieren auch von jährlichen Gewinnausschüttungen, den ***Dividenden*** [4]. Die Gewinne wiederum entstehen aus unserem Konsum. Der ***Zinseszinseffekt*** [5] trägt sein Übriges dazu bei.«

---

[1] ***Kurzfristige Zinsen:*** *Zinssätze für Tages- und Festgeldkonten*

[2] ***Langfristige Zinsen:*** *Zinsen für langlaufende US-Staatsanleihen*

[3] ***Kursgewinn:*** *Unterschied zwischen niedrigem Ankaufspreis und höherem Verkaufspreis bei Wertpapieren*

[4] ***Dividende:*** *der Teil des Gewinns, den eine Aktiengesellschaft an ihre Aktionäre oder Anteilseigner ausschüttet*

[5] ***Zinseszinseffekt:*** *ein fälliger Zins, der dem Kapital hinzugefügt und künftig zum geltenden Zinssatz zusammen mit dem Kapital verzinst wird*

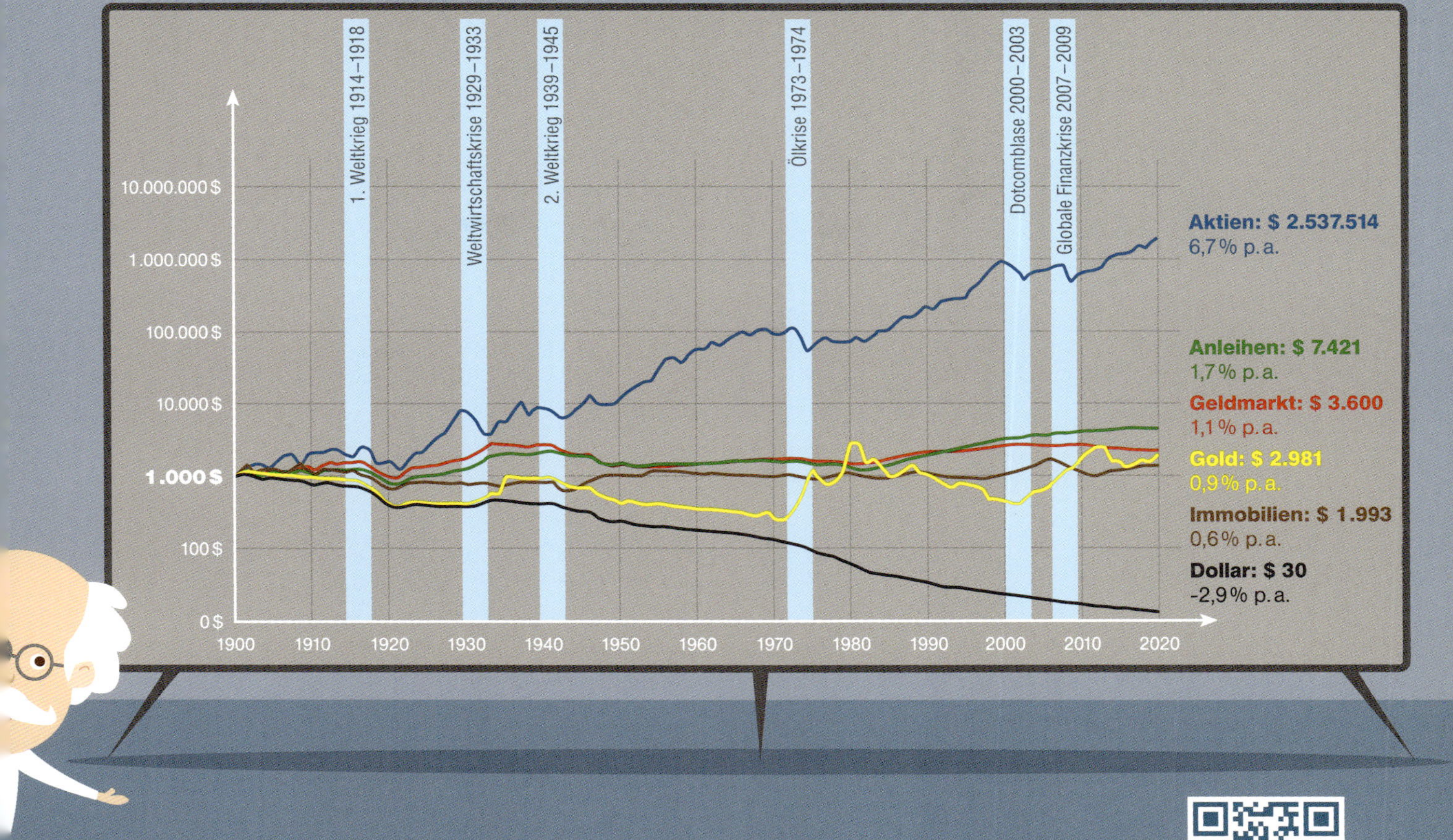

Aktien trotzen langfristig jeder Krise und waren langfristig immer die Gewinner.
Quelle: LOYS AG, Jeremy Siegel, Robert Shiller

www.professor-money.de/b-wwa

Mit Ansage in den finanziellen Selbstmord

Samstag, 09:30 Uhr: Das Ehepaar Fred und Susi sitzt am Frühstückstisch. Die beiden haben von Oma Frieda vor einer Woche ein Buch über das Thema Geldanlage geschenkt bekommen und haben die freie Zeit genutzt, es zu lesen. Bisher haben sie das Thema immer beiseite geschoben. Entgegen ihrer anfänglichen Meinung ist dieses Buch jedoch sehr einfach und leicht verständlich geschrieben. Sie lernten, wie sie die größten Fehler bei der Geldanlage vermeiden können und wie es um ihre Finanzen wirklich bestellt ist. Daraufhin wagen sie heute einen Blick in ihren verstaubten Finanzordner. Die im Buch beschriebene Problematik spiegelt Fred und Susis Situation größtenteils wider. Deswegen entschließen sie sich, ihre Verträge genauer zu durchleuchten, um Licht ins Dunkel zu bekommen. Teilweise schauen sie ihre Verträge jetzt zum ersten Mal genauer an. Sowohl die Lebensversicherung als auch der Bausparvertrag halten nichts von dem, was Fred und Susi versprochen wurde. Auch Riester- und Rürupverträge sowie betriebliche Altersvorsorgeverträge sind mit Vorsicht zu genießen. Höchste Zeit, einmal Bilanz zu ziehen, denn die Ergebnisse sind schockierend.

Renditegrab Lebensversicherung – Auszahlung enttäuscht

Samstag, 10:09 Uhr: Fred hat eine Lebensversicherung mit Todesfallschutz. Als er sie genauer unter die Lupe nimmt, ist er bitter enttäuscht. Er zahlt in der gesamten Laufzeit 66.600 € ein und bekommt im Alter von 67 Jahren 90.000 € ausbezahlt. Das entspricht 1,6 % Verzinsung pro Jahr. Susi vergleicht die Versicherungsmitteilungen der letzten zehn Jahre miteinander. Sie stellt mit Erschrecken fest, dass die Auszahlungsprognose jedes Jahr um einige Tausend Euro verringert wurde. »Anscheinend liegt das an den drastisch reduzierten ***Überschüssen***[1)], die nicht von der Versicherung garantiert werden«, Susi erinnert sich, das in dem Buch gelesen zu haben. Fred und Susi grübeln, woran es noch liegen kann, dass die Auszahlungssumme bei ihrem Vertrag so gering ist. Nach Abzug der hohen Abschluss-, Risiko- und Verwaltungskosten verbleibt nur der sogenannte Sparanteil. Nur dieser wird garantiert verzinst. Bei seinem Monatsbeitrag von 150 € fallen bis zu 30 % Kosten an. Somit wird nur ein geringer Teil seines monatlichen Beitrages garantiert verzinst. »Habe ich das richtig verstanden? Wir bekommen einen Garantiezins, wissen aber nicht, wie viel von unseren 150 € wirklich verzinst werden?«, fragt Susi verdutzt. Fred ist wütend, dass ihm das sein Vertreter so nicht erklärt hat. Noch schlimmer wird es, als er erfährt, dass 90 % seines Geldes als Darlehen an teilweise hoch verschuldete Banken und marode Staaten fließen. Er weiß aus den Medien, dass mittlerweile der Großteil der Staatsanleihen negativ verzinst wird. Die Versicherung verleiht Freds Geld an Staaten, um nicht nur keine Zinsen zu bekommen, sondern noch zusätzlich Negativzinsen zu zahlen. Wenn er vor Abschluss gewusst hätte, wo sein hart erspartes Geld tatsächlich landet, hätte er diesen Vertrag niemals unterschrieben. Fred und Susi fehlen die Worte und sie fragen sich, ob es sich lohnt, den Vertrag zu kündigen. Es hieß damals im Gespräch mit dem Vertreter: »Wenn du kündigst, machst du Verlust!« Ob diese Aussage der Wahrheit entspricht, prüfen die beiden auf eigene Faust. Denn nach Durchsicht ihres Vertrages haben die Versicherung und ihr Vertreter ihr Vertrauen restlos verspielt.

www.professor-money.de/b-dlv

---

1) ***Überschussbeteiligung:*** *freiwillige Zahlung der Versicherung an ihre Kunden*

R.I.P.
LEBENS-
VERSICHERUNG
bis zu 30% Kosten
knapp 90% in Anleihen und Bankdarlehen
1–2% Nettoverzinsung pro Jahr auf die Einzahlung
Marktführer garantiert bei Neuverträgen eingezahlte Beiträge nicht mehr

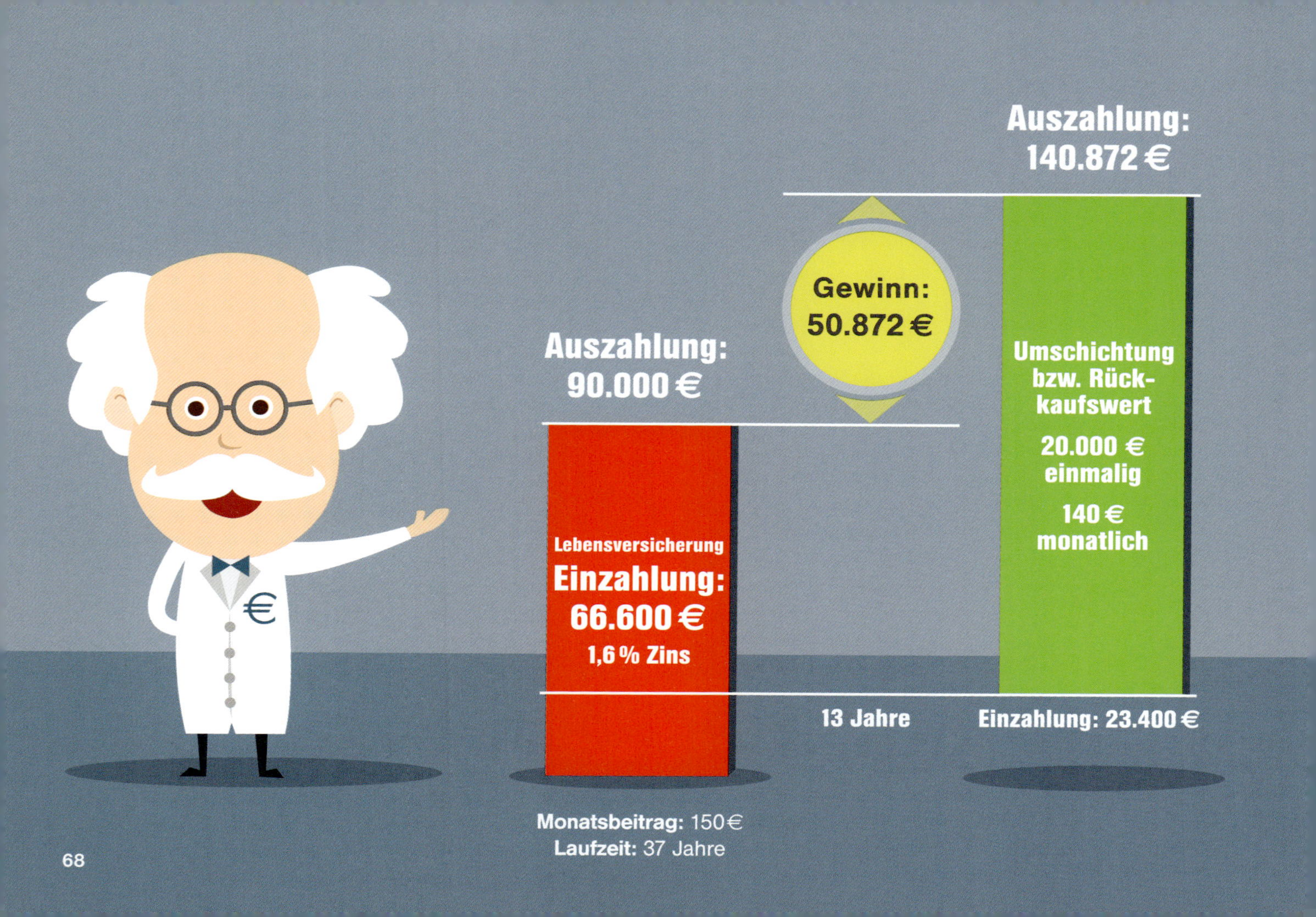
Auszahlung:
140.872 €
Gewinn:
50.872 €
Auszahlung:
90.000 €
Umschichtung bzw. Rückkaufswert
20.000 € einmalig
140 € monatlich
Lebensversicherung
Einzahlung:
66.600 €
1,6 % Zins
13 Jahre
Einzahlung: 23.400 €
Monatsbeitrag: 150 €
Laufzeit: 37 Jahre

Die Lebensversicherung – lohnt sich die Kündigung?

Samstag, 10:45 Uhr: Freds Versicherungsvertrag läuft schon seit 13 Jahren. Er ist 43 Jahre alt und in 24 Jahren wäre sein Vertrag fällig. Er zahlt 150 € monatlich und hat bisher 23.400 € eingezahlt. Die versprochene Auszahlung im Alter von 67 Jahren beträgt 90.000 € inklusive Überschüsse, bei einer Einzahlung von 66.600 €. Das sind 1,6 % pro Jahr Nettoverzinsung auf den eingezahlten Beitrag. »Versprochen hat die Versicherung 2,75 %«, murmelt Susi verwirrt. »Betrug!«, ruft Fred laut aus. »Lohnt sich nun die Kündigung?«, fragen sich die beiden. »Entscheidend ist immer die restliche Laufzeit«, sagt Susi. »So steht es in dem Buch.« In Freds Fall liegt sie bei 24 Jahren. Kündigt Fred, bekommt er den Rückkaufswert von 20.000 € überwiesen, also etwas weniger als er bisher einbezahlt hat. Den Wegfall der Todesfallabsicherung kompensiert er mit einer günstigen ***Risikolebensversicherung***[1] über zehn Euro monatlich. Die verbleibenden 140 € im Monat und die 20.000 € Rückkaufswert aus der Versicherung könnte Fred in einem robusten ***Fonds- und ETF-Portfolio***[2] anlegen. Bei einer angenommenen Wertentwicklung der Fonds von 5 % p. a. nach Kosten über 24 Jahre entstünde ein Guthaben von 140.872 € nach ***Abgeltungssteuer***[3]. Das sind immerhin 50.000 € netto mehr auf dem Konto, in der gleichen Zeit mit genau der gleichen Einzahlung. »Weißt du, wie lange ich für 50.000 € netto arbeiten muss, Susi?«, fragt Fred seine Frau. »Das ist wirklich sehr viel Geld«, erwidert sie. Das komische Bauchgefühl der beiden zur Lebensversicherung bestätigt sich durch diese Rechnung. In Freds Fall lohnt sich die Kündigung, da er gesund ist. Denn zum Abschluss einer neuen Risikolebensversicherung muss er Fragen zu seiner Gesundheit beantworten. Fred und Susi sind froh, endlich Gewissheit über die Lebensversicherung zu haben. Nun können sie einen Haken an diesen leidigen Vertrag machen.

---

[1] ***Risikolebensversicherung:*** *reine Todesfallabsicherung. Wenn der Kunde in der versicherten Zeit verstirbt, erhalten die Angehörigen die vorab festgelegte Versicherungssumme.*

[2] ***Fonds- und ETF-Portfolio:*** *Zusammensetzung von Fonds oder ETFs mit verschiedenen Anlagestrategien*

[3] ***Abgeltungssteuer:*** *Zinsen, Kursgewinne und Dividenden werden mit 25 % versteuert. Hinzu kommt noch der Solidaritätszuschlag und unter Umständen die Kirchensteuer.*

www.professor-money.de/b-lkdl

Der Bausparvertrag – ist er noch zeitgemäß?

Samstag, 11:15 Uhr: Fred arbeitet sich weiter durch seinen Ordner und findet einen Bausparvertrag. Er erinnert sich noch an das Verkaufsgespräch bei der Bank. Da hieß es, wer ungefähr 40 % der ***Bausparsumme*** [1] einzahlt, bekommt später ein zinsgünstiges Immobiliendarlehen. »Wir müssen dieses Darlehen aber nicht in Anspruch nehmen, wenn wir nicht wollen«, ruft Susi aus der Küche. »Und vom Staat bekommen wir auch noch eine Bausparprämie oben drauf«, ergänzt sie. »Oma Frieda hat damals doch auch einen Bausparvertrag abgeschlossen«, argumentiert Susi weiter. »Deswegen kann das ja alles nicht so schlecht sein. Und die Dame von der Bausparkasse war doch sehr nett, weißt du noch, Fred?« Er antwortet: »Ja, das war sie, aber nach dem Desaster mit der Lebensversicherung überprüfe ich jetzt sicherheitshalber auch diesen Vertrag.« Er schaut sich die Zahlen genauer an und entdeckt 1 % Abschlussgebühren der Bausparsumme, sowie einen Guthabenzins von 1 % pro Jahr und einen Darlehenszins von 4 %. »Wir wissen doch noch gar nicht, ob wir das Darlehen in Anspruch nehmen und zahlen darauf trotzdem jetzt schon Abschlussgebühren?«, äußert Susi voller Bedenken. »Anscheinend«, antwortet Fred zweifelnd und ergänzt: »Auch den Darlehenszins empfinde ich als viel zu hoch. Wer zahlt denn heute noch 4 % für einen Baukredit. Das ist ja Wucher. Die Bauzinsen bei der Bank um die Ecke sind doch um ein Vielfaches niedriger!« Die beiden schauen sich verdutzt an und werden immer misstrauischer. »Und was machen wir jetzt?«, fragt Susi.

---

[1] ***Bausparsumme:*** *selbst eingezahltes Geld plus das eventuelle Darlehen der Bausparkasse*

	Angebot Bausparkasse	Fonds-Alternative
Ansparphase	15 Jahre	15 Jahre
Bausparsumme / benötigte Geldsumme	100.000 €	100.000 €
Guthabenzins / Wertentwicklung pro Jahr	0,1 %	6,0 %
Einmalige Abschlussgebühren 1 %	1.000 €	keine
Jährliche Gebühren	12 €	1 % (vom Depotvermögen)
Effektive Darlehenszinsen pro Jahr	2,65 %	noch nicht bekannt
Monatliche Ansparrate	232 €	232 €
Einzahlung in 15 Jahren	41.760 €	41.760 €
Guthaben nach 15 Jahren	40.179 €	58.772 €
Gewinn / Verlust in Ansparphase	**–1.581 €**	**+ 18.593 €**
Bauspardarlehen / Bankdarlehen (11,43 % Zins)	59.821 €	41.228 €
Monatl. Rückzahlungsrate: Zins und Tilgung	600 €	600 €
Rückzahlungszeit	9 Jahre, 4 Monate	9 Jahre, 4 Monate
Restschuld	0 €	0 €

Der Zinssatz des Bankdarlehens könnte bis auf 11,43 % pro Jahr steigen, um in der gleichen Rückzahlungszeit mit der gleichen Rate von 600 € monatlich schuldenfrei zu sein.

Quelle: Originalangebot einer Bausparkasse

Bausparen – die teuerste Art, ein Haus zu kaufen?

Samstag, 11:32 Uhr: Fred und Susi rufen Professor Money an, um mehr über den Bausparvertrag und mögliche Alternativen zu erfahren. Den Tipp bekamen die beiden von Oma Frieda. Aufgrund seiner begrenzten Zeit erläutert der Professor den Bausparvertrag anhand eines Originalangebotes. »Stellt euch vor, ihr spart für eine Bausparsumme von 100.000 € monatlich 232 € mit einer Verzinsung von 0,1 % pro Jahr an. Nach allen Gebühren habt ihr nach 15 Jahren weniger als ihr eingezahlt habt. »Wie bitte, hab ich mich da gerade verhört?«, fragt Fred. »Nein Fred, das ist leider bitterer Alltag bei diesem Produkt«, meint der Professor und fährt fort: »Ist ein Guthaben von rund 40 % der Bausparsumme erreicht, könnt ihr das Darlehen in Anspruch nehmen. Der ***effektive Darlehenszins***[1] beträgt 2,65 % pro Jahr. Wenn ihr dieses Darlehen bekommt, seid ihr mit einer Rate von 600 € monatlich nach neun Jahren und vier Monaten schuldenfrei. Nun zur Alternative. Hier spart ihr in mehrere robuste Fonds mit einer angenommenen ***Nettowertentwicklung***[2] von 5 % pro Jahr. Nach 15 Jahren habt ihr deutlich mehr eigenes Geld und müsst dadurch viel weniger Kredit aufnehmen. Um beide Varianten miteinander vergleichen zu können, zahlt ihr dieses Darlehen mit ebenfalls 600 € monatlich ab. Um tatsächlich schlechter gestellt zu sein als beim Bausparvertrag, müsste der Zinssatz des Bankdarlehens auf über 11,4 % pro Jahr steigen. Erst dann würde sich das Bausparen lohnen. Aktuell belaufen sich die Zinsen für ein zehnjähriges Darlehen bei der Bank auf 0,5 % bis 1,5 % pro Jahr. Das Argument der Zinsgarantie für das Darlehen beim Bausparvertrag ist hinfällig, da wir uns seit der Finanzkrise in einer Niedrigzinsphase befinden.« »Und was ist mit der Wohnungsbauprämie?«, fragt Susi verdutzt. »Die ist vollkommen überflüssig. Verbraucherorganisationen bemängeln schon lange, dass diese Art der staatlichen Förderung nur eine versteckte Subvention der Bausparindustrie ist«, erklärt Professor Money.

---

[1] ***Effektiver Darlehenszins:*** *Er beziffert die jährlichen und auf die nominale Kredithöhe bezogenen Kosten von Krediten und wird in Prozent der Auszahlung angegeben.*

[2] ***Nettowertentwicklung:*** *Bruttowertentwicklung einer Anlage abzüglich der Kosten*

www.professor-money.de/b-dbt

Die geschlossene Beteiligung – eine Mogelpackung?

Samstag, 11:49 Uhr: »Was ich Sie noch fragen wollte, Herr Professor«, sagt Fred, »mein Freund Leo hat mir dringend von Fonds abgeraten, er hat nämlich schon viel Geld mit einem geschlossenen Fonds oder wie man das auch immer nennt, verloren.« Professor Money antwortet: »Oh ja, das kenne ich. Hier wurden schon Milliarden verbrannt. Noch heute gibt es auf den ersten Blick seriöse Anbieter, die mit Angeboten locken, die übermäßig hohe Zinsen versprechen und sie am Ende doch nicht halten. Geschlossene Beteiligungen unterliegen höchsten Risiken bis hin zum Totalverlust. Offene Investmentfonds hingegen unterscheiden sich massiv von geschlossenen Konzepten. Sie unterliegen dem strengen ***Wertpapierhandelsgesetz*** [1] und haben eine ***Wertpapierkennnummer*** [2]. Geschlossene Fonds haben die Bezeichnung Fonds aus meiner Sicht nicht verdient und stellen ohnehin kein ***Sondervermögen*** [3] mit dem Schutz der Anleger vor einer Insolvenz des ***Emittenten*** [4] dar.« »Und wie funktioniert so eine geschlossene Beteiligung?«, fragt Fred neugierig. Der Professor erklärt: »Die Firma ›Hoch hinaus‹ will ein Hochhaus bauen. 50 % des Geldes dafür finanziert die Bank, die dafür alle Sicherheiten von Grundstück und Haus bekommt. Die restlichen 50 % werden bei Privatanlegern eingeworben, die das ganze unternehmerische Risiko und alle Kosten tragen müssen. Die Anleger kommen in der Regel für fünf bis zehn Jahre oder länger nicht an ihr Geld. Bei Unternehmensbeteiligungen dieser Art ist höchste Vorsicht geboten. Denn sollte die Firma ›Hoch hinaus‹ in Schieflage geraten, besitzt die Bank das Objekt. Der Kleinsparer geht am Ende meist leer aus. Daher solltest du nur in das investieren, was du auch wirklich verstehst und bei dem die Wahrscheinlichkeit eines Totalverlustes minimal ist.« »Herr Professor, vielen Dank für ihre Hilfe. Auf Wiederhören.« »Jetzt wissen wir schon bedeutend mehr, oder?«, sagt Fred zu seiner Frau. »Auf jeden Fall«, erwidert Susi: »Aber jetzt müssen wir Mittagessen machen. Lisa kommt um 12:00 Uhr und Leo hast du doch auch eingeladen.«

---

[1] ***Wertpapierhandelsgesetz:*** *reguliert den Wertpapierhandel und dient der Kontrolle von Dienstleistungsunternehmen sowie Finanztermingeschäften und dem Schutz des Kunden*

[2] ***Wertpapierkennnummer (WKN) oder ISIN:*** *Ziffern- und Buchstabenkombination zur Identifizierung von Wertpapieren*

[3] ***Sondervermögen:*** *Das Geld wird außerhalb der Bankbilanz gelistet und ist somit vor einer Bankenpleite geschützt.*

[4] ***Emittent:*** *Herausgeber eines Wertpapiers, in der Regel eine Bank*

Der Riester-Vertrag – lohnt er sich wirklich?

Samstag 13:45 Uhr: Nach dem Mittagessen sinkt Susi mit vollem Magen ins Sofa. Ihre Gedanken kreisen um das Telefonat mit Professor Money. »Mist!«, ruft sie verärgert. »Ich hatte doch noch Fragen zu meinem Riester-Vertrag.« »Schreib ihm doch einfach eine E-Mail. Das hat er uns doch angeboten«, meint Fred. Gesagt, getan. Nach einiger Zeit erhält Susi die Antwort: »Ein Riester-Vertrag ist eine staatlich geförderte Altersvorsorge. Du zahlst 4 % vom Bruttoeinkommen, maximal 2.100 € im Jahr ein und der Staat schießt 175 € jährlich dazu. Pro Kind gibt es bis zu 300 € als ***Kinderzulage*** [1]. Die Beiträge in einen Riester-Vertrag sind steuerlich absetzbar. Außerdem kann das Riester-Guthaben für eine selbst genutzte Immobilie verwendet werden. Die Rente aus einem Riester-Vertrag hingegen muss im Alter voll versteuert werden. Solche Verträge gibt es als klassische oder fondsgebundene Rentenversicherungen, Bank- und Fondssparpläne und Bausparverträge. Bei klassischen Rentenversicherungen, Banksparplänen und Bausparverträgen sind die Zinsen einfach zu gering. Die meisten fondsgebundenen Verträge haben ein Problem: Aufgrund der staatlichen Garantien dürfen die Gelder der Kunden nicht in vollem Umfang in gewinnbringende Aktien investiert werden. Damit ist der Kunde in niedrig verzinsten Anleihen gefangen und kommt dort erst wieder heraus, sobald die Zinsen steigen. Die Wahrscheinlichkeit einer signifikanten und nachhaltigen Zinsanhebung auf das Niveau vor der globalen Finanzkrise allerdings tendiert gegen null.« Damit endet der erste Absatz des Professors. Susi meint: »Ich zahle meinen geringen Beitrag einfach weiter, solange es für die Kinder staatliche Zulagen gibt.« Fred schaut Susi über die Schulter und sie lesen gemeinsam den Rest der E-Mail, in der Professor Money kurz weitere staatliche Fördermöglichkeiten wie die betriebliche Altersvorsorge und die Rürup-Rente erklärt.

---

[1] ***Kinderzulage:*** *185 € für Kinder, die bis Ende 2007 geboren sind, 300 € für Kinder, die ab 2008 geboren sind, 175 € Grundzulage für Erwachsene*

Die Betriebliche Altersvorsorge – der Weg für jeden Angestellten?

Samstag 14:19 Uhr: Dieses Thema beschäftigt Fred schon länger. »Weißt du, Susi, meine Arbeitskollegen und ich unterhalten uns doch immer darüber. Hier gibt es die unterschiedlichsten Haltungen. Der eine schwört darauf, der andere sagt, Finger weg davon. Ich will eine neutrale Meinung!«, sagt Fred entschlossen. Er liest: »Bei der betrieblichen Altersvorsorge gibt es verschiedene Durchführungswege. Am bekanntesten ist die Direktversicherung. Hier wird ein Teil des Gehalts steuer- und sozialabgabenfrei vom Bruttolohn in eine Rentenversicherung eingezahlt. Der Staat fördert somit deine Altersvorsorge. Die Arbeitgeber können ebenfalls den Vertrag bezuschussen. Fließen z. B. 100 € vom Bruttolohn in den Vertrag, bekommst du rund 50 € geschenkt. Kommt der Vertrag in der Rente zur Auszahlung, kannst du zwischen einem einmaligen Betrag oder einer monatlichen Rente wählen. Die betriebliche Altersvorsorge klingt auf den ersten Blick sinnvoll, ist aber mit einigen Nachteilen verbunden. Der Staat holt sich dieses Geld wieder zurück und zwar über eine volle Besteuerung in der Rentenphase. Von deiner Rente werden zusätzlich zur Steuer volle Kranken- und Pflegeversicherungsbeiträge abgezogen. Und das ist den meisten nicht bewusst und geht gerade im Rentenalter richtig ins Geld. Außerdem ist das Geld in diesen Verträgen bis zur Rente nicht verfügbar. Auch in diesem Bereich sind sowohl klassische als auch fondsgebundene Rentenversicherungen aufgrund der hohen Abschluss- und Verwaltungskosten oft nicht rentabel, wobei sich bestimmte fondsgebundene und kostengünstige Verträge durchaus rentieren können. Am besten sind Verträge, die vom Arbeitgeber bezuschusst werden, damit der selbst gezahlte Beitrag so klein wie möglich ist.«

Die Rürup-Rente – ein Knebelvertrag?

Samstag, 14:27 Uhr: »Professor Money hat doch auch etwas über die Rürup-Rente geschrieben. Wie funktioniert das?«, fragt Fred seine Frau. »Keine Ahnung«, erwidert Susi. Beide lesen aufmerksam den nächsten Absatz der E-Mail. Der Professor schreibt: »Ein Rürup-Vertrag, auch Basisrente genannt, ist eigentlich so etwas wie eine private Variante der gesetzlichen Rentenversicherung. Du zahlst Geld in einen Rürup-Vertrag ein und bekommst dafür im Alter eine lebenslange Rente ausgezahlt. Die Beiträge kannst du in der Phase der Einzahlung steuerlich absetzen. Im Gegenzug musst du die Rente im Alter dann voll versteuern. Eine Basisrente ist unkündbar. Du kannst dein Guthaben weder in der Anspar- noch in der Rentenphase einmalig auszahlen lassen. Es ist ausschließlich eine Verrentung möglich. Bei Geldnot kannst du die Beiträge in solch einen Vertrag also nur reduzieren oder komplett aussetzen. Auch hier gibt es die klassischen und fondsgebunden Verträge. Erwerbstätige mit hoher Steuerlast nutzen solche Modelle, um weniger Steuern entrichten zu müssen. Außerdem ist Rürup-Guthaben insolvenzgeschützt. Die Abschlusskosten sind bei solchen Verträgen meist hoch – aber auch hier gibt es Ausnahmen. Wer vollständig auf Flexibilität verzichten kann, sowohl in der Phase der Einzahlung als auch in der Rentenphase, kann über einen gewinnbringenden Rürup-Vertrag, also eine fondsgebundene Variante, nachdenken.« Damit beendet der Professor den Absatz und kommt zu einem allgemeinen Fazit über Lebens- und Rentenversicherungen.

Die Rentengarantiezeit – eine Katastrophenklausel für die Erben!

Samstag, 14:41 Uhr: »Was ihr bei jeder Art von Versicherung für die Altersvorsorge unbedingt beachten müsst, ist die sogenannte Rentengarantiezeit. Sie betrifft sowohl private Lebens- und Rentenversicherungen als auch alle staatlich geförderten Verträge. Wenn ihr in Rente geht, habt ihr die Wahl: Entweder lasst ihr euch das Geld aus der Versicherung einmalig oder monatlich lebenslang als Rente auszahlen. Wählt ihr die monatliche Variante, seid ihr verpflichtet, eine Rentengarantiezeit mit der Versicherung zu vereinbaren. Sie beträgt in der Regel 5–20 Jahre. Je höher sie ist, desto geringer ist die Rente. Angenommen Fred ist im Ruhestand und bekommt eine monatliche Rente von der Versicherung. Susi ist als Erbin des Vertrages hinterlegt, falls Fred verstirbt. Er hat eine Rentengarantiezeit von zehn Jahren vereinbart. Sollte Fred im achten Jahr versterben, erhält Susi nur noch für zwei Jahre die Rente. Danach geht das Geld ganz legal an die Versicherungsgesellschaft über und Susi steht mit leeren Händen da. Bei Rürup-Rentenverträgen ist ganz besonders darauf zu achten, da sie nur verrentet werden können. Ich rate euch daher grundsätzlich ab, Versicherungen als Rente auszahlen zu lassen. Denn je älter du wirst, desto höher ist dein Bedarf an Flexibilität. Die Alternativen sind denkbar einfach. Monatliche Renten und Flexibilität kann man auch koppeln. Mit einem Fonds-Auszahlplan kann man ebenso monatliche Renten entnehmen. Im Todesfall aber bleibt das Geld in den Händen der Erben.« Mit diesen Worten beendet der Professor die E-Mail und wünscht den beiden viel Erfolg bei der Umsetzung. Susi denkt sofort an ihre Mutter, denn ihr wurde gerade eine Lebensversicherung ausbezahlt und sie steht nun genau vor dieser Situation. »So, jetzt ist erst einmal genug mit Finanzen. Mir wird es langsam zu viel. Lass uns eine Pause machen. Wir können ja morgen weitermachen.« Fred schließt sein E-Mail-Postfach und schwingt sich aufs Sofa.

www.professor-money.de/b-drg

Vermögen aufbauen – einfach, aber nicht immer leicht

Sonntag, 07:20 Uhr: Fred und Susi haben sehr schlecht geschlafen. Die Gedanken kreisten permanent um ihre finanzielle Zukunft. »Was ist, wenn wir das Haus verkaufen müssen? Was passiert, wenn unsere Rente nicht ausreicht? Sind wir dann finanziell abhängig von unseren Kindern?«, geht Susi durch den Kopf. Susi treibt es frühmorgens aus dem Bett. Sie ruft durch das Schlafzimmer: »Schluss jetzt! Ich will mit dem Finanzthema endlich klar Schiff machen. Ein für alle Mal.« Fred wacht von dem ungewohnten Tatendrang seiner Frau auf. »Was ist denn mit dir los?«, fragt er noch ganz verschlafen. Susi erwidert energisch: »Jahrelang haben wir dieses lästige Thema Geld verdrängt. Gestern haben wir doch schwarz auf weiß gesehen, dass wir unsere Verträge so nicht stehen lassen können. Ich will das Thema heute noch vom Tisch und erledigt haben.« »Ja, du hast ja recht, aber muss das unbedingt am Sonntag sein?«, murrt Fred. »Das sagst du bereits seit Jahren und was daraus geworden ist, haben wir ja gestern gesehen.« »Du hast es doch genauso ignoriert, Susi! Aber lass uns jetzt nicht schon wieder darüber streiten. Ich bin ja deiner Meinung, lass mich jetzt nur noch kurz aufwachen und duschen. Ich verspreche dir, wir gehen das heute nach dem Frühstück an!«, sagt Fred. »Gut, einverstanden, Fred. Dann mache ich jetzt schon mal das Frühstück.« Damit beendet Susi das Gespräch und geht in die Küche. Nach dem Frühstück wird alles vorbereitet: Die Renteninformationen der Deutschen Rentenversicherung und Versicherungsordner liegen bereit. Die beiden Jungs, Fritz und Berti, sitzen mit am Tisch und wischen auf ihren Tablets herum. Sie hören alles mit, was ihre Eltern besprechen. Im Laufe der nächsten Stunden lernen Fred und Susi, dass eine Strategie für den Vermögensaufbau eigentlich ganz einfach ist und von jedem sogar online umgesetzt werden kann, wenn der Wille wirklich vorhanden ist.

Die 2-Topf-Strategie – Balance zwischen Liquidität und Vermögen

Sonntag 09:08 Uhr: »Wie fangen wir jetzt an?«, fragt Susi. Fred antwortet: »Im Buch steht doch, wir brauchen zwei Töpfe: erstens ein Tagesgeldkonto als Notgroschen und zweitens ein Depotkonto für unseren Vermögensaufbau. Das Tagesgeldkonto sollte immer mit drei Nettomonatseinkommen gefüllt sein.« »Also in unserem Fall dreimal 2.700 €«, meint Susi. Das Geld steht täglich zur Verfügung und wir haben keine Wartezeiten wie bei einem Sparbuch oder einem Bausparvertrag«, fügt Fred hinzu und ergänzt: »Der Zins liegt momentan zwischen circa 0 und 0,1 % pro Jahr, also genau so schlecht wie für das Sparbuch.« »Und für was war noch mal das Depotkonto?«, fragt Susi. Fred erwidert: »Für den richtigen Vermögensaufbau. Dieser Topf besteht ein Leben lang und sollte so schnell nicht angefasst werden. Sowohl in der Phase der Einzahlung als auch in der Auszahlungsphase im Ruhestand.« Susi unterbricht: »Haben wir jederzeit Zugriff auf das Geld, wenn zum Beispiel Oma etwas zustößt?« Fred antwortet: »Ja, der Vermögenstopf ist von der Verfügbarkeit her fast zu vergleichen mit einem Girokonto. Er heißt bloß anders, nämlich Fondsdepot oder einfach nur Depot. Das kann man anscheinend bei jeder Bank eröffnen. Wird das Geld ganz oder teilweise benötigt, werden einfach Anteile verkauft. Der Erlös landet dann innerhalb weniger Tage auf dem angegebenen Girokonto.« Susi hakt ein: »Das Geld ist doch für unsere Rente gedacht und liegt mindestens 20 Jahre dort. Das dürfen wir nicht anfassen, sonst haben wir kein Geld in unserem Ruhestand.« »Ich meine nur bei absoluten Notfällen«, verteidigt sich Fred. »Gut, dann sind wir uns hier einig. Ein Tagesgeldkonto haben wir ja schon. Dann brauchen wir nur noch ein Depot mit Schnäppcheneffekt.« An dieser Stelle wird Fritz hellhörig und fragt: »Was ist denn bitte schön der Schnäppcheneffekt, Papa?«

www.professor-money.de/b-dzts

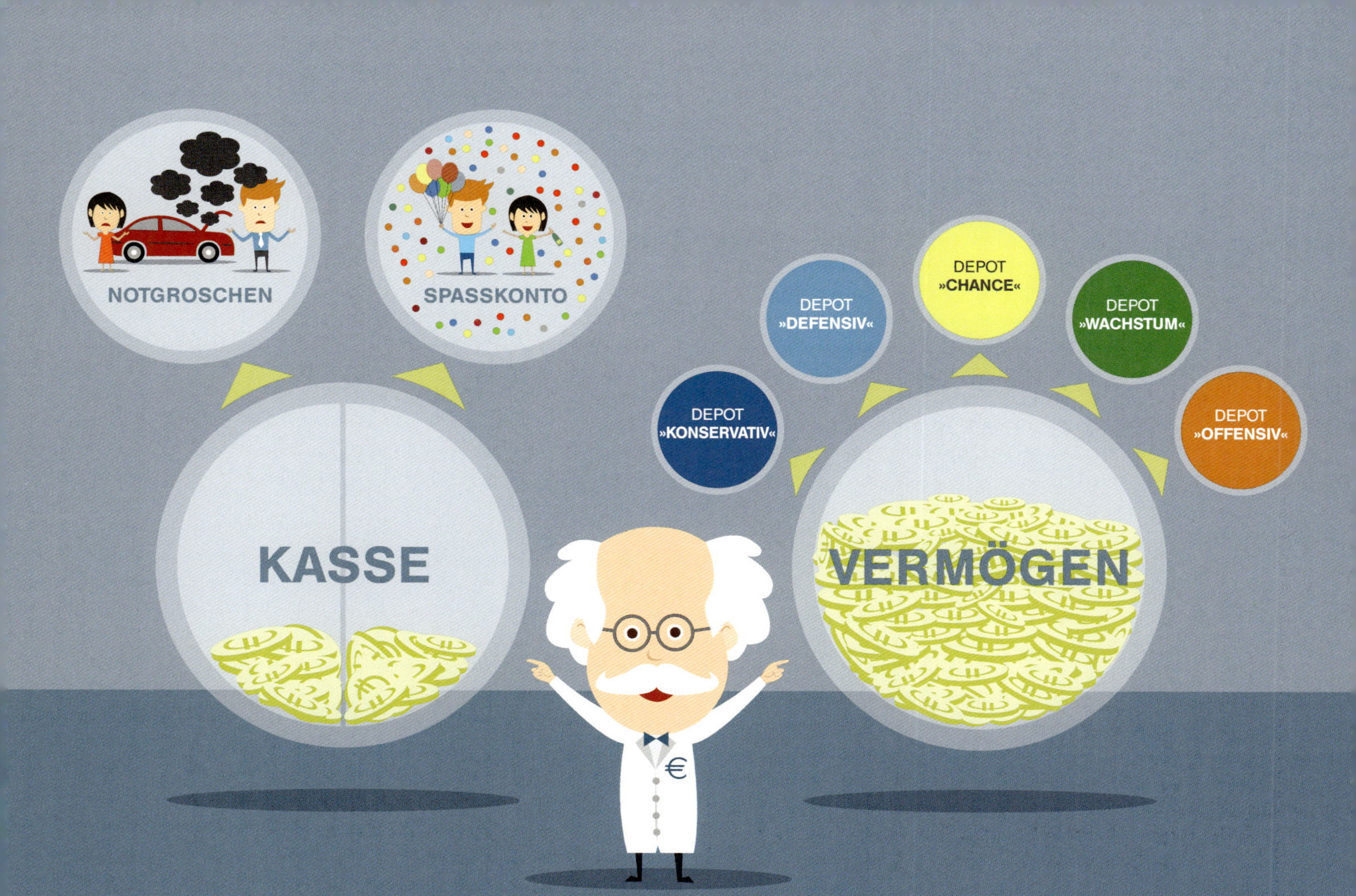
NOTGROSCHEN
SPASSKONTO
KASSE
DEPOT »KONSERVATIV«
DEPOT »DEFENSIV«
DEPOT »CHANCE«
DEPOT »WACHSTUM«
DEPOT »OFFENSIV«
VERMÖGEN
€

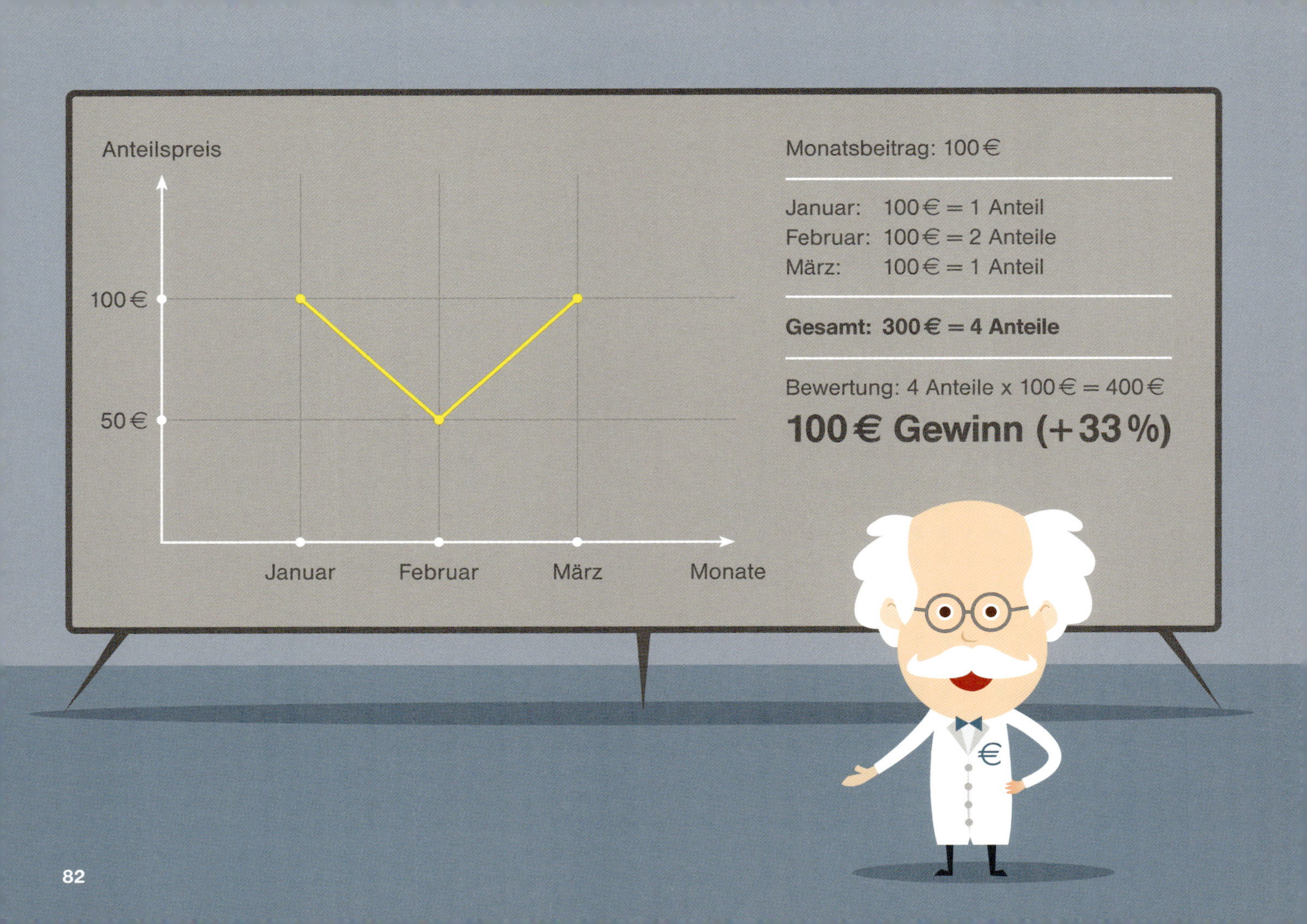
Anteilspreis
100 €
50 €
Januar
Februar
März
Monate
Monatsbeitrag: 100 €
Januar: 100 € = 1 Anteil
Februar: 100 € = 2 Anteile
März: 100 € = 1 Anteil
Gesamt: 300 € = 4 Anteile
Bewertung: 4 Anteile x 100 € = 400 €
100 € Gewinn (+ 33 %)
€

Der Schnäppcheneffekt – nur was für schlaue Anleger

Sonntag, 09:27 Uhr: »Das hat Professor Money uns am Telefon erklärt«, beginnt Fred und erklärt seinem Sohn Fritz: »Stell dir vor, du möchtest über die nächsten drei Monate drei neue Hosen kaufen und dafür 100 € im Monat ausgeben. Im Januar kostet eine Hose 100 €. Du bekommst also dafür genau eine Hose. Im zweiten Monat sinkt der Preis aufgrund eines Räumungsverkaufs auf 50 €. Du hast aber wieder 100 € zur Verfügung. Wie viele Hosen kannst du jetzt kaufen?« »Zwei!«, antwortet Fritz prompt. Fred fährt fort: »Genau. Im dritten Monat erhöht sich der Preis wieder auf 100 € pro Hose und du kannst wieder nur eine Hose kaufen. Wie viele Hosen hast du insgesamt für deine 300 € bekommen?« »Vier«, antwortet Fritz. »Sehr richtig, mein Sohn. Und wie viel Geld hast du jetzt pro Hose bezahlt?«, fragt Fred. Fritz rechnet nach: »300 € geteilt durch vier Hosen ergeben 75 € pro Hose, anstatt 100 €.« »Korrekt, du hast also eine Hose geschenkt bekommen, weil du günstig eingekauft hast. Und jetzt stell dir vor, du kaufst keine Hosen, sondern Anteile an Investmentfonds und investierst monatlich 100 € über drei Monate. Ein Anteil kostet 100 €. Wie viele Anteile erwirbst du im ersten Monat?«, fragt Fred. »Natürlich einen Anteil«, ruft Fritz. Er weiß genau, worauf sein Vater jetzt hinaus will und rechnet laut vor: »Ich habe insgesamt 300 € investiert und besitze nach drei Monaten vier Anteile zum Preis von 100 €, das sind zusammen 400 €.« »Genauso ist es. Wenn die Preise günstig sind, lohnt es sich zu kaufen. Und das gleiche Prinzip können wir auch an der Börse anwenden. Wir können so Schwankungen minimieren und zu unserem Vorteil nutzen«, fasst Fred zusammen. »Das machen wir beim Kauf unseres Heizöls doch auch so. Die Frage ist: Wie viel Geld brauchen wir denn jetzt überhaupt?«, fragt Susi in die Runde.

Sorglos im Ruhestand – wird dein Vermögen ausreichen?

Sonntag, 09:58 Uhr: »Gute Frage. Professor Money hat doch gesagt, wir sollen uns einmal unseren Rentenbescheid von der Deutschen Rentenversicherung genauer anschauen«, meint Fred. Beide beginnen im Ordner zu kramen. »1.100 € Rente«, stammelt Fred. »Das ist weniger als die Hälfte meines jetzigen Nettolohns.« Er hat ja bereits geahnt, dass es hart wird, wenn er mal in Rente geht, aber so wenig? Bei Susi sieht es noch schlechter aus. In 24 Jahren, wenn sie 67 Jahre alt ist, bekommt sie monatlich 400 €. »Wahrscheinlich ist es so wenig, weil ich die meiste Zeit zu Hause bei den Kindern war«, sagt sie. »Das ist ja ein Witz. Wer soll denn bitte schön davon leben?«, empören sich die beiden. »Aber es hilft ja alles nichts. Wie machen wir jetzt weiter?«, fragt Fred seine Frau. »Der Professor hat doch gesagt, wir sollen jetzt unsere Rentenlücke ausrechnen«, erwidert Susi. »Und was genau ist das?«, fragt Fred. Susi erinnert sich an das Buch und antwortet: »Die finanzielle Lücke, die entsteht, wenn wir beide in Rente gehen, also der Unterschied vom letzten Nettogehalt zur gesetzlichen Rente nach Steuer.« »Aha, und wie rechnet man das aus?«, fragt Fred genervt. »Gib mir bitte mal die Zahlen, Papa!«, ruft Berti dazwischen. Er tippt die Zahlen in sein Tablet ein und schreit vorlaut auf: »Ihr braucht zusammen 528.000 €!« »Woher weißt du das denn?«, fragt Susi verblüfft. »Habe ich im Internet ausgerechnet, ist ganz easy!«, antwortet Berti. Susi versteht die Welt nicht mehr: »Wie bitte? Eine halbe Million Euro? Lass mal sehen, das glaube ich nicht«, sagt sie und rechnet selbst noch einmal nach. »Tatsächlich, du hast recht, die Zahlen stimmen. Das schaffen wir nie, das ist viel zu viel! Wir haben doch keinen Goldesel«, seufzt Susi enttäuscht.

www.professor-money.de/b-rmvr

		Bemerkung
Nettolohn heute	2.700 €	Nettolohn Fred: ca. 2.300 € + Nettolohn Susi: ca. 400 €
Bruttorente mit 67	1.500 €	Gesetzliche Rente Fred: 1.100 € + Gesetzliche Rente Susi: 400 €
Nettorente mit 67	1.300 €	Bruttorente - 11 % Kranken- und Pflegeversicherungsbeitrag
Versorgungslücke heute	1.400 €	Nettolohn heute - Nettorente mit 67
Versorgungslücke mit 67	2.200 €	Versorgungslücke heute + 2 % Inflationsausgleich pro Jahr
VERMÖGENSZIEL MIT 67	**528.000 €**	Versorgungslücke mit 67: 2.200 € x 12 Monate = 26.400 € pro Jahr 26.400 € x 100 : 5* = 528.000 €

Fred und Susis notwendige Vermögenszielrechnung / *Wir nehmen eine Rendite von 5 % p.a. an.

IST:
318.000 €
SOLL
(Vermögensziel):
528.000 €
32.000 € einmalig
300 € monatlich
32.000 € einmalig
633 € monatlich

Budgetplanung – wie erreichst du dein Vermögensziel?

Sonntag, 10:23 Uhr: »Wir müssen doch schon jetzt jeden Euro zweimal umdrehen und leben wollen wir schließlich auch noch«, ruft Susi. »Mit 500 € im Monat und 52.655 € als einmalige Anlage schafft ihr es«, liest Berti vom Onlinerechner ab. Fred und Susi schauen sich verdutzt an: »Woher hast du das denn schon wieder?«, fragen die beiden. »Hier, ihr beide seid 43 Jahre alt und habt noch 24 Jahre bis zur Rente. Bei einer angenommenen Wertentwicklung von 6 % pro Jahr kommt ihr auf eine Summe von 528.000 €«, zeigt Berti. Er fährt fort: »Ich habe alle Zahlen einfach in einen Vermögensrechner eingegeben.« Fred beginnt zu kalkulieren: »Gut, wir haben ja gestern mühsam ausgerechnet, dass die Lebensversicherung und der Bausparvertrag auf lange Sicht nichts bringen. Wir machen also nach Inflation jedes Jahr Verlust mit diesen Verträgen. Wir schichten jetzt den Rückkaufswert von 20.000 € von der Lebensversicherung und das Guthaben von 10.000 € vom Bausparvertrag in ein Depot um. Dann haben wir doch noch das Sparbuch mit 10.000 €. Das brauchen wir nicht mehr, weil wir ja das Tagesgeldkonto haben. Dann hätten wir 40.000 €. Da wir in die alten Verträge zukünftig nicht mehr einzahlen, sind 300 € im Monat frei zur Verfügung.« Susi fährt etwas überfordert dazwischen: »Aber dann haben wir doch keinen Notgroschen mehr.« »Da hast du recht. Dann legen wir 8.000 € als Notgroschen auf das Tagesgeldkonto, so bleiben noch 32.000 € für das Depot«, sagt Fred. Er fragt seinen Sohn: »Berti, welche Summe erreichen wir mit einmalig 32.000 € und 300 € monatlich?« »318.000 €«, antwortet Berti. »Ach du liebe Zeit, da fehlen ja noch gute 200.000 €!«, ruft Susi entsetzt. »Nun gut, mehr Geld haben wir einmalig nicht zur Verfügung«, sagt Fred schulterzuckend. »Dann müsst ihr halt monatlich mehr sparen«, sagt Berti. »Schon klar, nur woher nehmen wir das Geld und wie viel bräuchten wir überhaupt?«, fragt Susi vorsichtig. »633 € sagt der Rechner«, liest Berti ab. Susi wird ganz schlecht. Resigniert verlässt sie den Tisch.

www.professor-money.de/b-wevz

Dein Budget reicht nicht aus – Ziel in Gefahr? Was tun?

Sonntag, 11:11 Uhr: Fred sitzt immer noch am Tisch und grübelt. Nach einer Weile kommt ihm eine Idee. »Susi, ich habe die Lösung!«, ruft er laut. Susi kommt mit skeptischem Blick aus der Küche zurück. »Hör zu, wir haben doch vor einigen Jahren mal unsere Ausgaben aufgelistet. Damals sind uns unnötige Kosten aufgefallen, die wir streichen wollten.« »Ja, ich kann mich daran erinnern«, erwidert Susi. »Fred verschwindet kurz im Arbeitszimmer und kommt mit grinsendem Blick zurück. »Nach meiner Rechnung würden dadurch im Monat zusätzlich 150 € zusammenkommen und wir müssten auf nichts verzichten«, meint Fred. Susi überprüft minutiös die Tabelle. Schlagartig verändert sich ihr Gemütszustand. »Also wenn ich das jetzt richtig zusammenfasse, dann haben wir 300 € aus den alten Verträgen, plus 150 € durch unsere Ausgabenkürzung«, meint Susi. »Stopp!«, ruft Fred. »Du musst noch ungefähr 10 € für die neue Risikolebensversicherung abziehen. Ihr braucht doch auch eine Absicherung, falls mir etwas zustößt. Durch die Kündigung der Lebensversicherung fällt doch mein Todesfallschutz weg.« »Stimmt, das ist sehr wichtig«, bestätigt Susi. »Also fehlen uns nach Adam Riese noch knapp 200 € im Monat für unser Vermögensziel«, schlussfolgert Fred. »Ich wollte doch meinen 450 € Job aufstocken. Die Kinder sind doch jetzt schon alt genug, dass ich nicht immer daheimbleiben muss. Von diesem zusätzlichen Geld kann ich ja auch noch 200 € in das Depot einzahlen«, schlägt Susi vor. »Gute Idee, mein Schatz, damit hätten wir ja dann unsere 633 € zusammen«, jubelt Fred. Die beiden fühlen sich erleichtert. »Fred, ganz ehrlich, vor einigen Minuten hätte ich noch nicht geglaubt, dass wir zwei das schaffen können«, gibt Susi zu. »Und was ist mit uns? Wir wollen auch ein Depot haben!«, rufen Fritz und Berti im Chor. Fred und Susi schauen sich an. Nach kurzer Recherche finden sie heraus, dass sie auch für ihre Kinder jeweils ein Minderjährigendepot kostengünstig eröffnen können.

Art der Kosten	Betrag
Darlehensrate Haus	700 €
Nebenkosten Haus (inklusive Strom)	280 €
Lebenshaltungskosten	300 €
Kapitallebensversicherung	150 €
Bausparvertrag	100 €
Sparbuch	50 €
Kontogebühren Girokonto	10 €
Private Haftpflichtversicherung	10 €
Berufsunfähigkeitsversicherung	50 €
Hausratversicherung	10 €
KfZ-Versicherung	50 €
Telefon	50 €
KfZ-Kosten (Steuer, Sprit, Service und Wartung)	150 €
Konsumkredit Fernseher	40 €
Lotto spielen, Glücksspielautomaten etc.	40 €
Schul- und Taschengeld	210 €
Friseur	50 €
Kleidung	100 €
Fitnesscenter	50 €
Urlaub	200 €
Gesundheit	30 €
Sonstiges	50 €
Monatliche Ausgaben gesamt	**2.680 €**

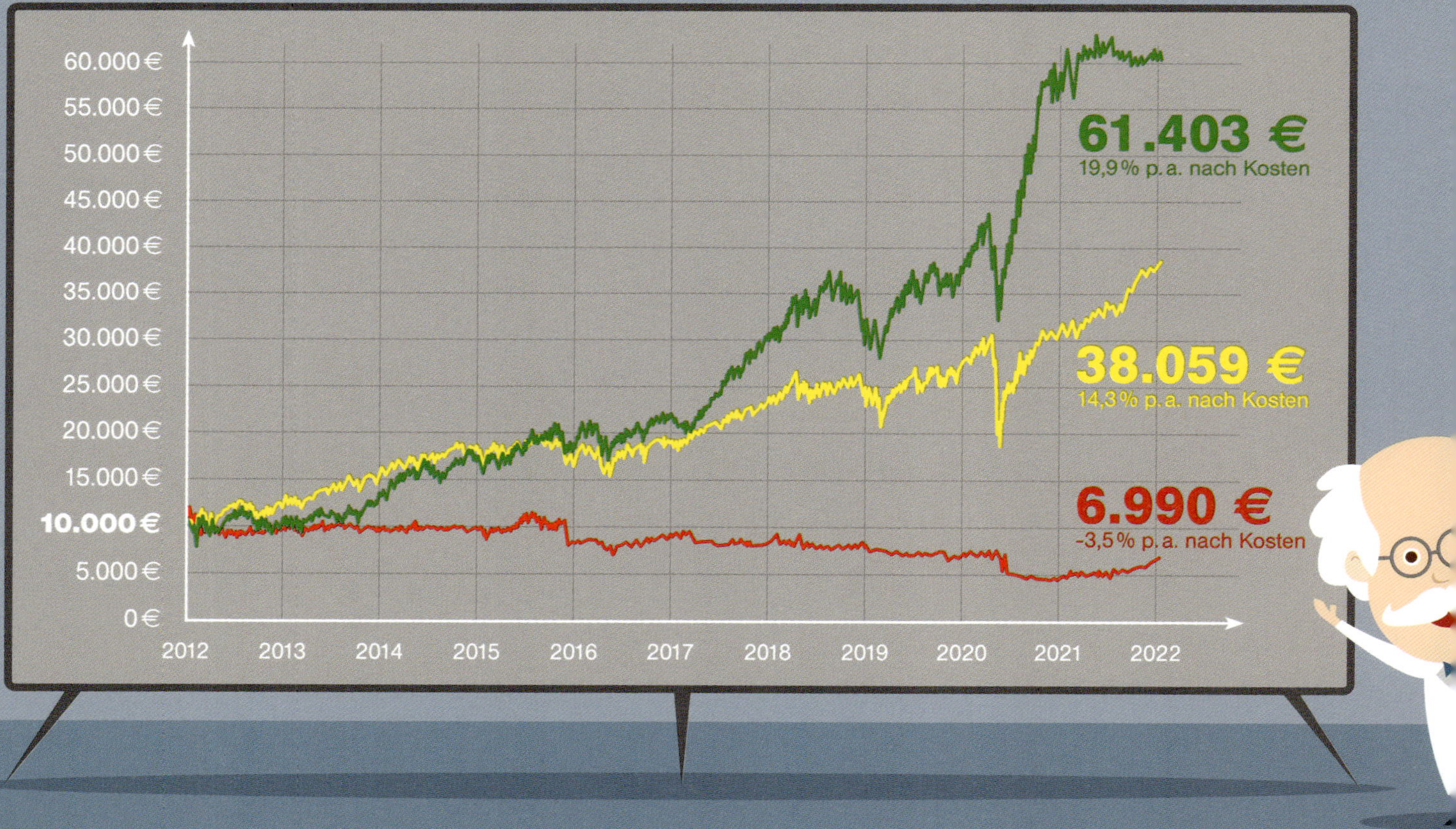

Aktiv gemangter Aktienfonds weltweit, Premium-Qualität: Verwaltungskosten 1,8 %, Schwankungsbreite 17,5 %
Vergleich MSCI-World ETF (Aktien weltweit): Verwaltungskosten 0,2 %, Schwankungsbreite 14,4 %
Aktiv gemangter Aktienfonds weltweit, schlechte Qualität: Verwaltungskosten 1,1 %, Schwankungsbreite 12,6 %

Wie viel Vermögen aus 10.000 € wurde, 1.1.2012 – 1.1.2022, Quelle: FWW-Fondsdaten

Die Qual der Wahl – aktive Fonds oder passive ETFs?

Sonntag, 11:32 Uhr: »So, jetzt brauchen wir nur noch ein Depot«, sagt Susi und erzählt weiter: »Wie uns der Professor erklärt hat, gehört zu einem Depot auch immer eine vernünftige Strategie. Man muss breit gestreut in mehrere Fonds und ETFs investieren, um die Sicherheit zu gewährleisten, die uns doch so wichtig ist.« Fred überlegt und fragt: »Worin liegt eigentlich der Unterschied zwischen einem Fonds und einem ETF?« Susi liest laut aus dem Buch vor: »Stell dir vor, du hast zwei Schiffe, die einen Fluss hinuntersegeln. Ein Fondsmanager ist Kapitän eines solchen Schiffes. Durch kluges Setzen der Segel kann er Stromschnellen ausweichen und das Schiff durch schwierige Zeiten manövrieren. Ein ETF hat keinen Kapitän und hat somit auch weniger Kosten. Ein ETF lässt sich nur von der Strömung leiten und fährt durch jede Stromschnelle hindurch. Beide Schiffe erreichen ihr Ziel. Gute Kapitäne sorgen dafür, dass die Passagiere nicht seekrank werden und schnell ans Ziel kommen. Schlechte Kapitäne setzen oft die Segel falsch und bringen die Passagiere dazu, sich zu übergeben. Dadurch erreichen sie nur ganz langsam ihr Ziel. Es gibt auf der Welt viele Kapitäne, nur wenige jedoch sind ihr Geld wirklich wert.« »Und was meinte der Professor mit Strategie?«, fragt Fred. »Ich habe es so verstanden: Wir sollen auf mehrere Schiffe mit und ohne Kapitän setzen. Da die Zukunft ungewiss ist und kein Kapitän jede Stromschnelle kennen kann, ist es sinnvoll, das Geld auf mehrere Schiffe und Flüsse zu verteilen.« Kein Kapitän der Welt kennt sich in allen Gewässern perfekt aus. Ein Kapitän, der die Donau gut kennt, wird im Amazonas Schwierigkeiten bekommen. Jedoch können auch die besten Kapitäne in Stromschnellen geraten und kurzzeitig die Balance verlieren. Deshalb sind selbstfahrende Schiffe eine sinnvolle Ergänzung. Während Fred eher renditeorientiert denkt und ein Offensiv-Portfolio bevorzugt, fühlt sich Susi eher bei einer ruhigen Zusammenstellung von unterschiedlichen Kapitänen wohler. Susi hat jetzt endlich verstanden, wie sie gewinnbringend und vor allem sicher Geld anlegen kann. Zu verdanken hat sie dieses Wissen dem Buchtipp ihrer Mutter.

www.professor-money.de/b-fve

60 Jahre oder älter? – so schützt du dein Vermögen

Sonntag, 12:34 Uhr: Oma Frieda sitzt auf ihrer Terrasse und telefoniert gerade mit ihrer Tochter Susi. »Hallo Mama, danke noch mal für das Buch. Selbst wir haben diese komplexen Zusammenhänge jetzt endlich verstanden.« »Gern geschehen, dafür ist die Familie ja da«, antwortet Oma Frieda. »Sag mal, du hast doch vor Kurzem deine Lebensversicherung ausgezahlt bekommen. Was hast du jetzt eigentlich mit dem Geld vor?«, fragt Susi ihre Mutter neugierig. »Ich hatte letzte Woche das Glück, einen persönlichen Termin mit Professor Money zu bekommen. Er lobte mich dafür, dass ich meine Lebensversicherung auszahlen und nicht verrenten lasse«, erzählt sie. »Wegen der schlechten Rentengarantiezeit?«, ergänzt Susi fragend. »Genau Susi, das hast du dir gut gemerkt«, antwortet Frieda. Sie fährt fort: »Ich habe seinen Rat befolgt. Ich hatte noch 160.000 € auf dem Girokonto und habe 100.000 € von der Lebensversicherung bekommen. Jetzt habe ich ein Tagesgeldkonto als Notgroschen und ein konservatives Depotkonto. Aus dem Depot bekomme ich automatisch jeden Monat eine Zusatzrente. Pro 250.000 € im Depot kann ich mir etwa 1.000 € monatlich auszahlen lassen, während mein Depotguthaben zwar schwankt, langfristig jedoch erhalten bleibt. Bei einer vermieteten Immobilie schaue ich genauso auf die Mieteinnahme und nicht jeden Tag auf den Preis der Immobilie. Wenn ich sterbe, erbt ihr das komplette Guthaben. So habe ich zwei Fliegen mit einer Klappe geschlagen. Würde ich das ganze Geld weiterhin auf dem Konto lassen, hätte ich jedes Jahr einen garantierten Verlust von mehreren Tausend Euro allein durch die Inflation. Außerdem will mir die Bank Negativzinsen aufbrummen.« »Das ist sicher«, bestätigt Susi und fühlt sich gleichzeitig bestärkt in ihrer eigenen Entscheidung. Nach ein wenig Geplauder verabschieden sich die beiden. Oma Frieda schlägt die Sonntagszeitung auf und entdeckt ein spannendes Interview mit Professor Money über die Weltwirtschaft und die Zukunft des Euros.

www.professor-money.de/b-vuf

	2 % Rendite p.a.	3 % Rendite p.a.	4 % Rendite p.a.	5 % Rendite p.a.
20 Jahre	76.760 €	123.844 €	182.702 €	255.787 €
30 Jahre	nach 27 Jahren aufgebraucht	26.633 €	123.248 €	261.627 €
40 Jahre		nach 33 Jahren aufgebraucht	35.242 €	271.140 €
50 Jahre			nach 44 Jahren aufgebraucht	286.636 €

Soviel Vermögen verbleibt aus 250.000 € und 1.000 € monatlicher Entnahme

Anmerkung: In dieser Rechnung sind weder Steuern noch Gebühren berücksichtigt. Mit entscheidend ist auch, welche Schwankungsintensität und Rendite das Depot mit sich bringt. Die Rendite in diesem Beispiel ist linear berechnet, was nicht der Realität entspricht. Das Vermögen kann durch Schwankungen größer oder kleiner sein.

Ja, aber …

Sonntag, 14:00 Uhr: Fred hat gute Laune. Endlich konnten er und seine Frau Susi einen Haken an das leidige Thema Finanzen machen. Wie jeden Sonntagnachmittag trifft er sich mit seinem alten Schulfreund Leo Lebemann und seinem Nachbarn Reiner Redlich am Stammtisch. Leo gibt gerne für die unnötigsten Dinge Geld aus und hat beim Thema Geldanlage so ziemlich alles falsch gemacht, was man falsch machen kann. Er selbst, auch beruflich nicht gerade erfolgreich, missgönnt anderen Erfolge, sucht bei anderen die Schuld für sein Versagen und sieht das Glas grundsätzlich halb leer. Reiner Redlich hingegen ist Beamter. Zeit seines Lebens hat er immer ohne Wenn und Aber brav das getan, was man von ihm verlangte. Bei der Geldanlage zählt er zu den typischen Sparern, die im Besitz einer Lebensversicherung, eines Bausparvertrages und eines Sparbuchs sind. Diesen Pfad hat er bis heute nicht verlassen und fühlt sich wohl in seiner selbst geschaffenen Sicherheit. Fred erzählt den Freunden von seinen neuen Erkenntnissen. Wie so oft im Leben werden sie von seinen engen Freunden erst einmal misstrauisch beäugt. Jedoch merkt Fred schnell, dass die vermeintlichen Argumente seiner Freunde haltlos sind und auf einseitigen Informationen beruhen.

… mit Aktien verlierst du dein ganzes Geld

Sonntag, 14:02 Uhr: Als Fred das Wort Aktie nur erwähnt, fällt ihm Leo sofort ins Wort: »Hör mir bloß auf mit Aktien. Ich habe damals fast mein ganzes Vermögen verloren mit diesem Teufelszeug.« Fred kennt Leos Erfahrungen, die er um die Jahrtausendwende gemacht hat. Er hatte zum erdenklich schlechtesten Zeitpunkt ein paar Aktien gekauft und schon kurze Zeit später, wie so viele, mit herben Verlusten verkauft. Also genau das, was man laut Professor Money nicht machen sollte. Fred kontert deshalb: »Leo, wir kennen dich als hervorragenden Handwerker. Wie kamst du damals überhaupt auf die Idee, dich mit Aktien, Unternehmensbilanzen und zukunftsfähigen Geschäftsmodellen zu beschäftigen?« »Wieso ›beschäftigen‹? Ich kann doch keine Bilanzen analysieren. Ich habe lediglich sieben Internetaktien gekauft und wollte viel Geld verdienen, wie alle anderen auch«, rechtfertigt sich Leo. »Wie bitte? Du hast damals einfach die Katze im Sack gekauft?«, fragt Fred erstaunt. »Ja, eigentlich kann man das so sagen«, gibt Leo zögernd zu. Wie viele andere auch war Leo zu dieser Zeit von Gier getrieben und wollte an der Börse schnell reich werden. Wer versucht, schnell reich zu werden, wird in der Regel schnell arm. In Phasen der Übertreibungen klaffen Preis und Wert von Aktien weit auseinander. Wer nicht in der Lage ist, Preis und Wert unterscheiden zu können, zahlt für eine Tube Zahnpasta 100 €, obwohl sie nur zwei Euro wert ist. Das geschah zur Jahrtausendwende mit Internetaktien und auch 2017 während des Hypes um Kryptowährungen. Um diese schwerwiegenden Anlegerfehler zu vermeiden, bedarf es Fachwissen und mindestens fünf bis zehn Jahre Anlagehorizont. Nur eine weltweitbreite Streuung in viele verschiedene Anlageklassen gewährleistet ein Höchstmaß an Sicherheit. Wer diese goldene Regel immer beachtet hat, konnte langfristig noch nie Geld verlieren, wie die Geschichte beweist.

… wenn der nächste Crash kommt?

Sonntag, 14:11 Uhr: »Weißt du Fred, genauso euphorisch war ich damals auch. Bis der Crash kam und dann war fast mein ganzes Geld weg. Und ich prophezeie dir, das Gleiche wird dir auch passieren!«, sagt Leo. »Mein Freund, ich habe gelernt, dass die Wirtschaft aus Zyklen besteht. Ein Crash bedeutet doch nur, dass Aktien günstiger sind als üblich. So, wie du beim Sommer- und Winterschlussverkauf für das gleiche Geld zwei statt nur ein Paar Hosen bekommst. Du nutzt den Schnäppcheneffekt«, erwidert Fred selbstbewusst. Jetzt meldet sich Reiner zu Wort. »Fred, das hört sich ja alles vernünftig an, aber was passiert, wenn du in Rente gehen willst und genau dann die Aktien einbrechen?« Fred antwortet: »Erstens habe ich mein Vermögen über ein ganzes Fonds-Portfolio in viele verschiedene Anlageformen gestreut und zweitens verabschieden sich meine Fonds aus Aktien, wenn es nach unten geht und kommen somit ruhiger durch jeden Sturm. Nicht ohne Verluste, aber weniger als im Durchschnitt. Und drittens: Bei einem so langen Anlagehorizont wie meinem – bis zur Rente sind es bei mir noch 24 Jahre – war eine Auszahlung noch nie kleiner als die Einzahlung und wurde stets mit einer Rendite oberhalb von 5 % pro Jahr belohnt. Davon abgesehen brauche ich das Geld nicht auf einmal, wenn ich in Rente bin, sondern monatlich als Zusatzrente. Genauso macht es meine Schwiegermutter Frieda auch. Stell dir einmal vor, ein Eichhörnchen sammelt über das Jahr hinweg fünf verschiedene Nusssorten für den Winter. Es weiß genau, dass es im Winter keine frischen Nüsse gibt. Als es die Walnüsse im Winter ausbuddelt, stellt es fest, dass die Hälfte ungenießbar ist. Da es aber genügend andere Nusssorten an unterschiedlichen Stellen gelagert hat, bleibt es völlig entspannt und kann den Winter in vollen Zügen genießen.«

… Aktien sind doch nur was für Reiche

Sonntag, 14:24 Uhr: »Und was bringt uns das alles, Fred? Aktien sind doch nur was für die Reichen«, sagt Reiner. »Wie kommst du denn auf die Idee?«, fragt Fred verdutzt. »Ähm, das habe ich mal so gehört«, stammelt Reiner unsicher. Fred erinnert sich an eine Passage im Buch und klärt seinen Freund Reiner schmunzelnd auf: »Sag mal, Reiner, hast du dir schon einmal überlegt, warum die Reichen immer reicher und die Armen immer ärmer werden? Die Reichen investieren seit Jahrzehnten in reale Werte wie z. B. Aktien, Immobilien und Unternehmensbeteiligungen. Uns kleinen Leuten hingegen wurden unrentable und inflationsgefährdete Lebensversicherungen, Bausparverträge und Sparbücher verkauft. Jeder weiß mittlerweile, dass die gesetzliche Rente nicht zum Überleben ausreicht.«

Damit fleißige Bürger wie Leo, Fred und Reiner ihren Ruhestand sorgenfrei genießen können, bedarf es eines intelligenten Vermögensaufbaus, der sich an der Anlagestrategie der Reichen orientiert. Immer mehr Menschen greifen hierbei auf die Investmentfondsidee zurück, da sie bereits ab 25 € monatlich für jedermann zugänglich ist. Die wirklich Reichen sind deshalb reich, weil sie langfristig denken und investieren und nicht kurzfristig spekulieren. Wer immer nur das tut, was er bisher getan hat, wird auch immer das bekommen, was er bisher bekam. Stattdessen sollte jeder für sich folgende Fragen beantworten: Was will ich? Auf wen höre ich? Und wie hoch ist meine Bereitschaft zu lernen und zur Veränderung? Das sind Fragen, über die es sich lohnt, nachzudenken.

… wenn der Euro zerbricht?

Sonntag, 14:32 Uhr: »Das ist alles schön und gut, Fred. Aber was machst du, wenn der Euro zerbricht?«, provoziert ihn Leo. Fred kennt seinen Freund Leo genau, der bekannt dafür ist, schnell Untergangsstimmungen zu verbreiten. Er lächelt und erklärt: »Leo, wenn es um Währungsreformen geht, bin ich sehr entspannt, denn Deutschland hatte in den vergangenen 200 Jahren sieben Staatsbankrotte und etliche Währungsreformen. Und weil auch diesmal die Zukunft des Euros ungewiss ist, fühle ich mich mit realen Werten absolut sicher. Denn sie waren und bleiben immer die Gewinner bei der Abschaffung einer Währung und einer massiven Geldentwertung.« Reiner und Leo sind überrascht von der Schlagfertigkeit und sachlichen Argumentationsweise ihres langjährigen Freundes. Eine gewisse Skepsis bleibt dennoch. Auch wenn Fred nicht für alles das passende Argument findet, geben ihm die historischen Fakten vollkommen recht. Wie die Geschichte zeigt, ist Vermögen im Härtefall nur außerhalb der Bankbilanzen im rechtlich gesicherten Sondervermögen geschützt. Der einzige am Stammtisch, der sich Sorgen um sein Geld machen muss, ist Reiner. Denn er hat einen fünfstelligen Betrag auf dem Girokonto, in zwei Lebensversicherungen und einem Bausparvertrag. Leo hingegen steuert mit Vollgas auf die Altersarmut mit einer Rente auf Sozialhilfeniveau zu. Im Verdrängen von Problemen war er immer schon eine Eins.

… das einzig Wahre ist Betongold

Sonntag, 14:39 Uhr: »Fred, ich hab ja mein Haus, da weiß ich, was ich hab«, meint Reiner und erhebt sein Bierglas. Fred und Leo nicken zustimmend. Eine Immobilie, in der man im Rentenalter mietfrei wohnen kann, ist definitiv von Vorteil. Jedoch muss man sich das Eigentum im Alter auch leisten können. Denn nach geraumer Zeit sind sehr kostspielige Reparaturen beispielsweise an Dach, Heizung oder Fenstern vonnöten. Ein fünfstelliger Betrag ist hierfür keine Seltenheit, sondern die Regel. Wenn diese Liquidität nicht vorhanden ist, bleibt nur die Aufnahme eines Kredites oder der Hausverkauf. Nicht auszumalen, wenn ein Familienmitglied zum Pflegefall wird. Aus diesen Gründen kommt dem sicheren und gewinnbringenden Vermögensaufbau eine besondere Bedeutung zu. Je höher also das flexibel entnehmbare Vermögen ist, desto sicherer kann man sein, die Immobilie auch im Alter behalten zu dürfen. Eine fremdfinanzierte, gut und langfristig vermietete Immobilie als Beimischung zum Vermögensaufbau kann die private Vorsorge abrunden. Beim Kauf einer Immobilie kommt es unter anderem auf folgende Faktoren an: Kaufpreisfaktor, Mietrendite, Nebenkosten, Zustand, Alter und entsprechende Lage des Objektes. Ähnlich wie beim Kauf von Aktien, Fonds oder ETFs ist auch hier ein gewisses Know-how erforderlich. Die direkte Anlage in Immobilien unterliegt ebenfalls Wertschwankungen. Jedoch gibt es keine täglichen Preisfeststellungen, die an den Börsen gehandelt werden. Für die Investition in Immobilien bringen die meisten Anleger eine Anlagedauer von mindestens 10 Jahren mit, warum nicht auch bei Fonds?

... ich habe kein Vertrauen mehr zu Finanzberatern

Sonntag, 14:46 Uhr: Leo wird emotional: »Fred, ganz ehrlich, ich habe einfach keine Lust mehr auf diese Finanztypen. Ich habe noch nie gute Erfahrungen mit diesen Leuten gemacht. Alle haben mir immer das Blaue vom Himmel versprochen und am Ende doch nicht Wort gehalten. Ich habe die Schnauze einfach gestrichen voll. Deshalb gebe ich mein ganzes Geld aus, da habe ich wenigstens was davon.« »Leo, das geht doch wahrscheinlich den meisten so. Die wollen alle nur unser Bestes. Und zwar unser Geld, diese Verbrecher«, bestätigt Fred und fährt fort: »Aber was machst du, wenn du in Rente gehst? Von der erbärmlichen gesetzlichen Rente kann doch keiner leben! Oder du arbeitest, bis du tot umfällst.« Leo erwidert: »Das ist mir egal, darüber mach ich mir jetzt keine Gedanken.« Reiner merkt an: »Leo, diese Einstellung bringt dich doch nicht weiter. Selbst ich als Beamter habe etwas für meine Altersvorsorge gemacht«, sagt Reiner. Fred meint: »Es kommt aber immer darauf an, was du machst, denn unsere Lebensversicherung und unser Bausparvertrag brachten uns nicht ans Ziel. Leo, ich kann deinen Frust absolut verstehen, aber ich will später nicht mit leeren Händen dastehen und auf gar keinen Fall meinen Kindern zur Last fallen. Ich bin nicht schlauer als ihr beiden, aber ich habe einen kleinen Wissensvorsprung. Und mit diesen Informationen können Susi und ich nun sorgenfrei in die Zukunft blicken. Und glaube mir, es fiel uns nicht leicht, uns aufzuraffen.« »Wie kannst du jetzt bloß sorgenfrei sein?«, fragt Leo. »Weil wir eine Entscheidung getroffen und auch das gelernte Wissen richtig umgesetzt haben, ohne ein lästiges Verkaufsgespräch führen zu müssen. Und das ist aus meiner Sicht der springende Punkt. Informationen bringen dich weiter, aber erst die Umsetzung bringt dich wirklich ans Ziel. Denn du kannst alles über Bier wissen, aber wenn du es nicht trinkst, wirst du nie erfahren, wie es wirklich schmeckt. Prost!«

So setzt du das gelernte Wissen um

Den ersten wichtigen Schritt hast du bereits getan – du hast dieses Buch gelesen. Der zweite Schritt umfasst die Umsetzung des gelernten Wissens. Erst dann profitierst du in vollem Umfang. Mit Professor Moneys Onlineplattform wird Geldanlegen spielend leicht. Die Fragen und die Bedürfnisse eines Anlegers sind unterschiedlich. Deshalb bekommst du bei uns die Möglichkeit, die für dich passende Anleitung auszuwählen und entsprechend umzusetzen. Eine Depoteröffnung gepaart mit einer auf dich zugeschnittenen Anlagestrategie bringt dich an dein Vermögensziel. Professor Money begleitet dich sowohl online als auch telefonisch oder persönlich bei der Umsetzung und hat zu keinem Zeitpunkt Zugriff auf dein Depotkonto. Darüber hinaus musst du dich um nichts kümmern, denn dein Vermögen wird von Professor Money automatisch laufend optimiert. Du hast täglich Zugriff auf dein Geld und kannst dich entspannt zurücklehnen. Bei Professor Money gibt es keine Kaufgebühren. Wir sitzen gemeinsam mit dir in einem Boot und verfolgen das gleiche Ziel, die Vermögensvermehrung. Unser Verdienst hängt ab von deinem Depotvermögen. Das bedeutet: Je erfolgreicher dein Depot läuft, desto erfolgreicher sind auch wir. Von Vermögensaufbau über Vermögenserhaltung bis zu Auszahlplänen oder Kindervorsorge können wir dich unterstützen. Unter der folgenden URL findest du deine individuelle Anleitung. Viel Spaß dabei.

www.professor-money.de/ist-fuer-alle-da

Solltest du dich überfordert fühlen, weil du z. B. nicht genau weißt, was du mit deinen bestehenden Verträgen machen sollst, oder einfach noch ein ungutes Bauchgefühl hast, melde dich gern bei uns telefonisch oder jederzeit per E-Mail. Ein Telefonat mit uns kostet übrigens nichts. Packs an, wir helfen dir dabei. Das Thema ist zu wichtig, um es nicht jetzt endlich anzugehen.

frag@professor-money.de

Telefon: 0800 377 5555

www.professor-money.de/b-ssdu

www.professor-money.de/ist-fuer-alle-da

Für alle deine Fragen:

Aus 1.000 Euro heute werden aufgrund des Kaufkraftverlustes künftig …

	2 % Inflation	3 % Inflation	4 % Inflation
nach 10 Jahren	817 €	737 €	665 €
nach 20 Jahren	668 €	544 €	442 €
nach 30 Jahren	545 €	401 €	294 €
nach 40 Jahren	445 €	296 €	195 €
nach 50 Jahren	364 €	218 €	130 €

Dein Vermögen verdoppelt sich bei einer Rendite von …

Rendite pro Jahr	0,1 %	1,0 %	2,0 %	3,0 %	4,0 %
Jahre für Verdoppelung	694 Jahre	72 Jahre	36 Jahre	24 Jahre	18 Jahre
Rendite pro Jahr	**5,0 %**	**6,0 %**	**7,0 %**	**8,0 %**	**9,0 %**
Jahre für Verdoppelung	14,4 Jahre	12 Jahre	10,3 Jahre	9 Jahre	8 Jahre

Aus 100 Euro monatlich wird ein Vermögen von …

Rendite pro Jahr	0,1 %	3,0 %	6,0 %	9,0 %
nach 5 Jahren 6.000 € eingezahlt	6.015 €	6.474 €	6.984 €	7.532 €
nach 10 Jahren 12.000 € eingezahlt	12.061 €	13.980 €	16.331 €	19.120 €
nach 20 Jahren 24.000 € eingezahlt	24.243 €	32.768 €	45.577 €	64.385 €
nach 30 Jahren 36.000 € eingezahlt	36.547 €	58.018 €	97.953 €	171.543 €
nach 40 Jahren 48.000 € eingezahlt	48.974 €	91.952 €	191.750 €	425.225 €
nach 50 Jahren 60.000 € eingezahlt	61.527 €	137.556 €	359.726 €	1.025.783 €
nach 60 Jahren 72.000 € eingezahlt	74.206 €	198.844 €	660.546 €	2.447.521 €

Anmerkung: In dieser Rechnung sind weder Steuern noch Gebühren berücksichtigt. Es handelt sich hier um eine einfache Zinseszinstabelle und keine Empfehlung. Vergangenheitswerte sind keine Garantie für die Zukunft.

Wir als Weltwirtschaft – Zahlen, Daten und Fakten

Sonntag, 15:17 Uhr: Die angeheizte Stammtischdiskussion über Geld mit Leo und Fred verwirren den an sich bodenständigen Reiner Redlich sehr. Daheim angekommen ruht er sich erst einmal auf dem Sofa aus. Jedoch lassen ihn die Gedanken über die Geldanlage nicht mehr los. In ihm wächst ein ungutes Gefühl. Hat er zu wenig gemacht? Oder das Falsche? Ist er finanziell wirklich gut abgesichert? Diese Überlegungen veranlassen ihn, der Sache näher auf den Grund zu gehen. Animiert durch das Stammtischgespräch breitet er auf seinem Esstisch die Sonntagszeitung aus und stößt auf ein umfassendes Interview mit Professor Money. »Das ist doch der Experte, von dem Fred erzählt und der ihm geholfen hat«, kommt Reiner unmittelbar in den Sinn. »Mal sehen, um was es da genau geht. Es werden Fragen zur Weltwirtschaft und zur Verteilung von Vermögen und Schulden beantwortet. Darüber hinaus stellt Professor Money auch unser Geldsystem infrage. »Das klingt spannend. Na diesen Bericht lese ich jetzt gleich einmal durch. Hoffentlich verstehe ich auch alles«, zweifelt Reiner ein wenig und beginnt motiviert zu lesen.

WIRTSCHAFT

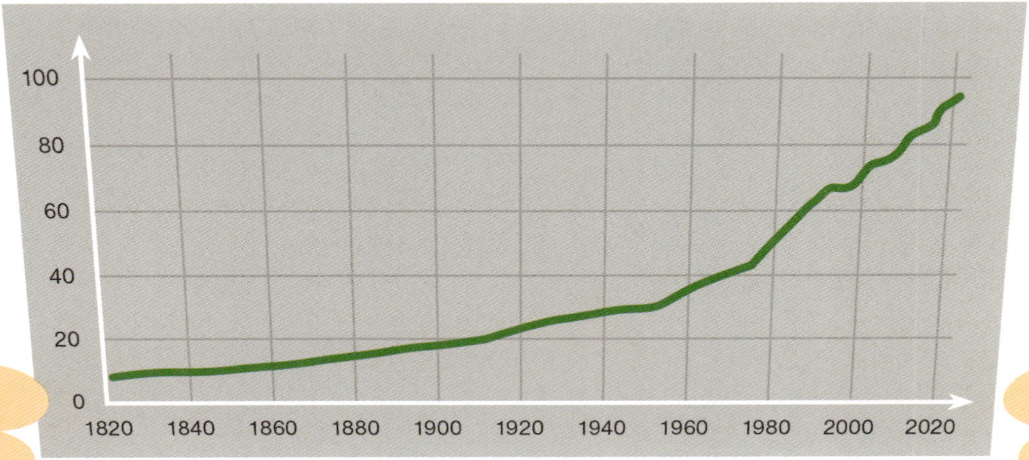

1820 lebten 94 von 100 Menschen in extremer Armut. 2020 waren es nur noch 10 von 100.

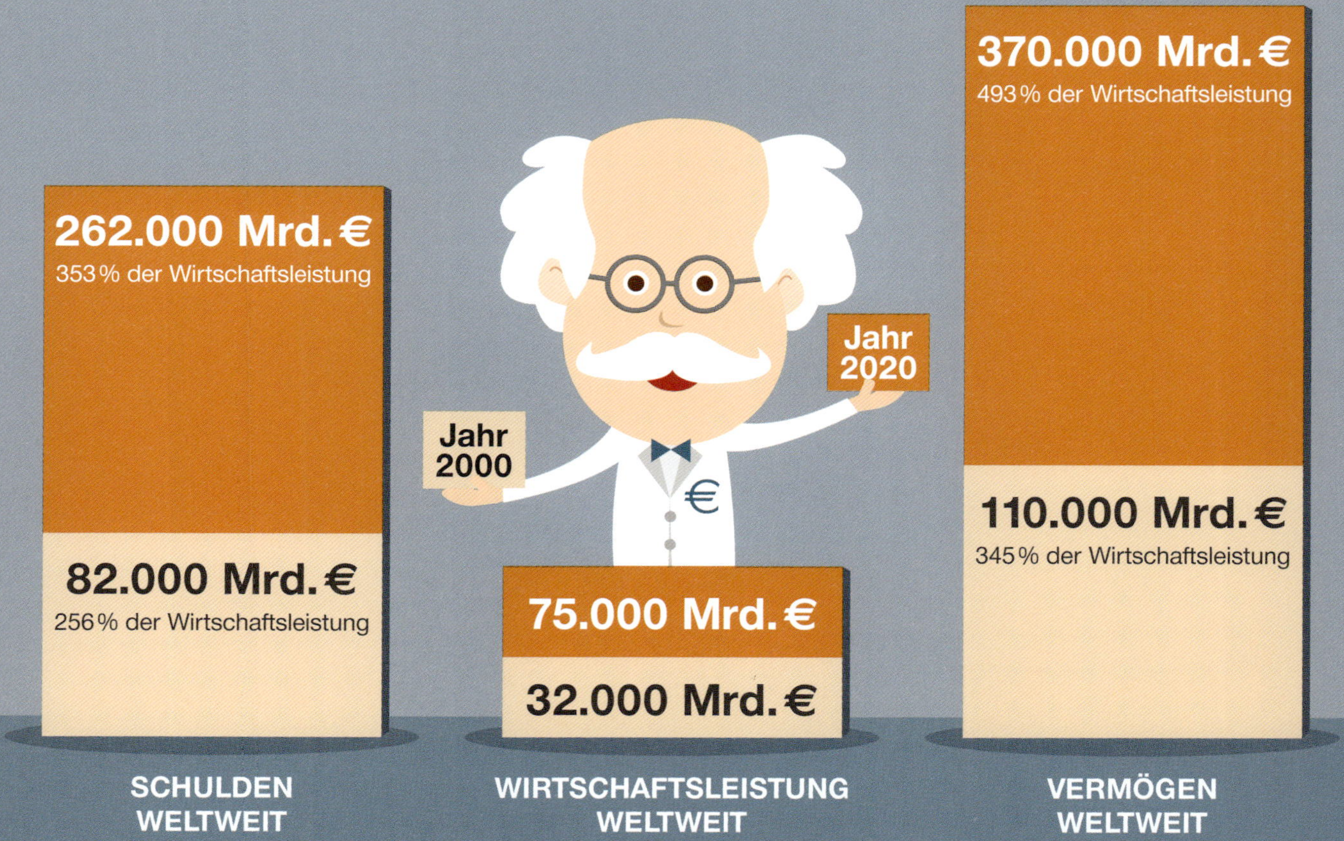

Quelle: IIF, IWF, Refinitiv, BIZ, Credit Suisse Global Wealth Report 2021, Schulden (Staaten, Unternehmen, Privathaushalte) und Vermögen (Brutto-Gesamtvermögen abzüglich Schulden Privathaushalte; nicht inkludiert ist das Vermögen der Staaten und Unternehmen) sind in Euro umgerechnet und hängen täglich vom jeweiligen Umrechnungskurs ab. Es handelt sich deshalb um grobe Angaben ohne Anspruch auf Genauigkeit und Vollständigkeit. Angaben in Euro umgerechnet, annualisiertes Wachstum in % in $ gerechnet.

Die Welt erstickt in Schulden – gehen wir alle bankrott?

Sonntag, 16:01 Uhr: »Versinken wir in Schulden?«, beginnt Reiner Redlich zu lesen. »Ähnliche Schlagzeilen hört man immer wieder. Ist es wirklich so schlimm?«, denkt er. Professor Money schreibt: »Schulden sind immer relativ zu betrachten. Denn die Höhe der Bruttoschulden sagt wenig über den tatsächlichen Zustand eines Staates, Unternehmens oder einer Privatperson aus. Erstens existieren Vermögenswerte, die den Schulden gegenübergestellt werden müssen. Zweitens, wenn der eine Schulden hat, dann hat der andere die gleiche Summe an Vermögen. Und drittens gilt: Solange die Zinsen auf +/- 0 % sind, können unter bestimmten Faktoren auch viel höhere Schulden gestemmt werden. Außerdem muss man unterscheiden zwischen dem Staat und der Privatperson. Die Privatperson hat die Schulden bei der Bank und die meisten wollen sie irgendwann begleichen. Der Staat kann die Rückzahlung seiner Schulden bei der Zentralbank auf ewig verlängern. Die Republik Österreich hat beispielsweise kürzlich Schulden aufgenommen, die sie erst in 100 Jahren zurückzahlen muss. Aus diesem Grund dient als Gradmesser für die Bewertung der Staatsschulden die Wirtschaftsleistung. Denn staatliche Vermögenswerte in Form von Wertpapieren, Grundstücken und Immobilien werden in der Regel nicht veräußert. Aktuell sind die Staaten weltweit mit knapp 100 % der Weltwirtschaftsleistung, also der weltweiten Produktion von Waren, Gütern und Dienstleistungen, verschuldet.« »Klingt viel«, murmelt Reiner und liest weiter: »Während im Jahr 2000 die weltweiten Schulden von Staaten, Unternehmen und Privatpersonen noch 82.000 Mrd. € betrugen, sind sie bis 2020 auf geschätzt 262.000 Mrd. € angewachsen. Das sind gute 5 % pro Jahr oder 353 % der Weltwirtschaftsleistung. Sie hat etwas weniger mit rund 4 % pro Jahr im selben Zeitraum zugelegt. Mit der Verschuldung ist aber auch das weltweite Gesamtvermögen gewachsen. Dadurch relativiert sich der Schuldenberg wieder. Denn das angehäufte Vermögen ist mit ebenfalls guten 5 % pro Jahr von 110.000 Mrd. € auf 370.000 Mrd. € gestiegen und beträgt somit 493 % der globalen Wirtschaftsleistung.« »Eine Menge großer Zahlen«, denkt sich Reiner. Mit der weltweiten Schuldenorgie ist nicht nur die Produktion von Waren und Dienstleistungen erheblich gewachsen, sondern auch die Investitionen, aus denen wiederum private Vermögen entstanden sind. Die Deutschen haben ihr privates Gesamtvermögen in den letzten 20 Jahren um 198 % gesteigert, während China das Privatvermögen mit dem Faktor 20 vervielfacht hat.

Die Staatsschulden explodieren – wer soll das alles bezahlen?

Sonntag, 16:21 Uhr: »Über 10.000 Mrd. € weltweit nehmen die führenden Staaten an Geld in die Hand, um dem Stillstand der Wirtschaft durch das Coronavirus entgegenzuwirken. Dieses Konjunkturprogramm beinhaltet 5.200 Mrd. € an staatlichen Soforthilfen wie z. B. Kurzarbeitergeld und Zuschüsse. Der Rest sind erst einmal staatliche Garantien, die nicht sofort aus der Staatskasse abfließen«, liest Reiner entsetzt. Es fällt ihm sehr schwer, diese Unmengen an Geld überhaupt einschätzen zu können. Die Totalschließung der Wirtschaft hat den deutschen Staat und damit seine Steuerzahler rund 30 Mrd. € pro Woche gekostet. Denn die Menschen konnten zum großen Teil weder arbeiten noch Geld ausgeben. Viele Staaten waren vor dem Coronaschock schon angeschlagen, wenngleich einige südeuropäische Länder seit der Finanzkrise kontinuierlich ihre Beschäftigung und Exporte steigerten. Dennoch stehen Sparmaßnahmen und Digitalisierung bei den Unternehmen wieder auf der Tagesordnung und beschleunigen die Arbeitslosigkeit. In Europa sind Spanien mit 14 % und Griechenland mit 13 % Arbeitslosenrate Spitzenreiter, während die Quote im EU-Durchschnitt bei ca. 7 % liegt. Deutschland ist bisher mit rund 5 % Arbeitslosenquote relativ glimpflich davongekommen. Mehr Arbeitslose bedeuten auch mehr Ausgaben für den Staat. Infolgedessen steigen auch die Staatsschulden im Verhältnis zur Wirtschaftsleistung beträchtlich. Japan erhöht seine Staatsschulden aufgrund der Coronakrise von 202 % seiner Wirtschaftsleistung auf ca. 254 %. Die USA von 109 % auf voraussichtlich 134 %, China von 56 % auf ca. 66 %. In Europa bereiten vor allem Frankreich mit geschätzten 115 % und Italien mit 156 % Sorgen. Reiner grübelt und versucht die Zahlen anhand seines eigenen Beispiels für sich greifbarer zu machen: »Wenn ich das richtig verstanden habe, kann man die Wirtschaftsleistung eines Landes mit dem Einkommen einer Privatperson vergleichen. Ich verdiene 60.000 € jährlich und habe wegen meines Hauses noch 300.000 € Schulden. Demnach bin ich mit 500 % meines Einkommens verschuldet. Ui, das ist aber viel. Allerdings ist mein Haus auch 500.000 € wert. Wenn ich jetzt wie ein Staat 20 % mehr Schulden machen müsste, wären das in meinem Fall 20 % von 300.000 €, also 60.000 €. Das wäre zwar ärgerlich, aber nicht existenzbedrohend. Im schlimmsten Fall könnte ich mein Haus verkaufen und es verblieben mir abzüglich der Schulden 140.000 € Vermögen. Unter dem Strich habe ich also mehr Vermögen als Schulden«, vollendet Reiner sein Gedankenspiel und ist erleichtert. In Deutschland steigen die Staatsschulden von 60 % der Wirtschaftsleistung auf 70 % relativ moderat. Geringe

Staatsschulden haben rohstoffreiche Länder wie z. B. Russland mit unter 20 %. In Europa sind Länder wie Norwegen und Schweden mit unter 46 % positiv zu erwähnen. Solange sich Staaten für 0 % auf ewig verschulden können, bleibt die höhere Schuldenlast tragfähig. Die europäische und amerikanische Zentralbank halten knapp 30 % ihrer Staatsschulden selbst, Japan ist bereits bei 44 % angekommen. Das heißt, die durch die Zinsen entstandenen Gewinne der Zentralbanken werden wieder an die jeweiligen Staaten zurücküberwiesen und sind kostenneutral.

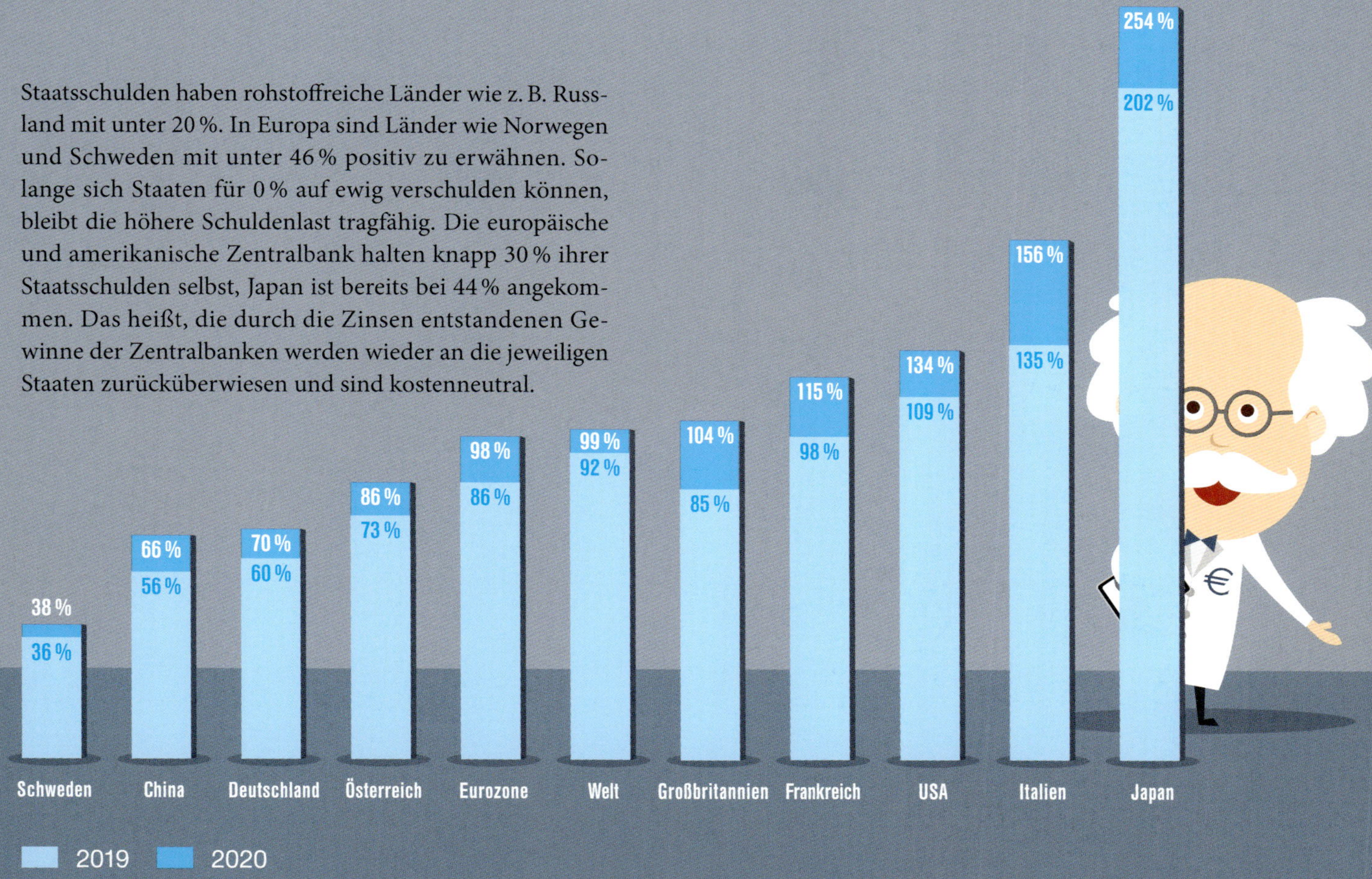

Staatsverschuldung in Prozent zur Wirtschaftsleistung nach ausgewählten Ländern, Quelle: BIZ oder IWF

	Staatsschulden 2020	Unternehmens-schulden 2020	Private Schulden 2020	Gesamtschulden vom BIP [1] 2020	Nettovermögen vom BIP 2020
Welt	99 %	110 %	71 %	353 %	493 %
USA	134 %	85 %	80 %	299 %	604 %
Eurozone	98 %	113 %	62 %	273 %	607 %
China	66 %	161 %	62 %	289 %	503 %
Japan	254 %	116 %	67 %	437 %	533 %
Deutschland	70 %	73 %	58 %	201 %	475 %
Italien	154 %	77 %	45 %	276 %	631 %
Frankreich	115 %	171 %	67 %	353 %	570 %
Großbritannien	102 %	78 %	89 %	269 %	564 %
Schweden	38 %	175 %	95 %	308 %	484 %
Österreich	86 %	100 %	53 %	239 %	561 %

Staats-, Unternehmens- und Privatschulden im Verhältnis zur Wirtschaftsleistung

[1] BIP = Bruttoinlandsprodukt / Wirtschaftsleistung; Quelle: IIF, IWF, Refinitiv, BIZ, Credit Suisse Global Wealth Report 2021, Schulden (Staaten, Unternehmen, Privathaushalte) und Vermögen (Brutto-Gesamtvermögen abzüglich Schulden Privathaushalte; nicht inkludiert ist das Vermögen der Staaten und Unternehmen). Es handelt sich deshalb um grobe Angaben, ohne Anspruch auf Genauigkeit und Vollständigkeit. Angaben in Euro umgerechnet, annualisiertes Wachstum in % in $ gerechnet.

Die privaten Vermögen wachsen – eine positive Botschaft

Sonntag, 16:33 Uhr: »Um den Zustand der größeren Volkswirtschaften besser miteinander vergleichen zu können, bedarf es eines Blickes über die Staatsfinanzen hinaus. Hierzu gehört die Entwicklung der Vermögen und Schulden der Unternehmen und Privatpersonen«, liest Reiner. Die weltweiten Unternehmensschulden haben sich seit der Finanzkrise 2008 mehr als verdoppelt und liegen im Jahr 2020 bei geschätzt 110 % der Wirtschaftsleistung. Schlusslicht sind schwedische Unternehmen mit 175 % Verschuldung im Verhältnis zur Wirtschaftsleistung, gefolgt von Frankreich und China mit 171 % und 161 %. Deutschland und Italien hingegen sind im Unternehmenssektor mit 73 % und 77 % sehr moderat verschuldet, während die Eurozone bereits bei rund 113 % und die USA bei ca. 85 % liegen. Die überwiegende Mehrheit der Coronakredite sind zwar beantragt – überwiegend von klein- und mittelständischen Unternehmen –, wurden aber noch nicht verwendet. Die meisten dieser Unternehmen leben noch von eigenen Mitteln. Allein den Unternehmensbereich zu bewerten, zeigt jedoch nur einen Teil der Gesamtsituation. Ebenso wichtig ist es, die Vermögens- und Schuldensituation von Privatpersonen zu betrachten. Während ihre Schulden in den USA, England und Schweden zwischen 80 und 95 % der Wirtschaftsleistung betragen, stehen Deutsche, Österreicher und Italiener mit 45–58 % vergleichsweise gut da. Reiner denkt sich: »Aber die Italiener haben doch speziell in der Coronakrise am meisten gelitten. Denen muss doch geholfen werden!« Gerade die Italiener sind im privaten Sektor in Europa mit 45 % der Wirtschaftsleistung am geringsten verschuldet. Reiner schaut auf eine Abbildung, in der die gesamten Vermögen und Schulden von Staaten, Unternehmen und privaten Personen dargestellt sind. Es ist deutlich zu erkennen, dass die Gesamtschulden mit 437 % der Wirtschaftsleistung in Japan am höchsten sind. Dem gegenüber steht ein Vermögen der Wirtschaftsleistung von 533 %. Die USA liegen mit einer gesamten Schuldenquote von 299 % ungefähr auf dem Niveau der Eurozone und der Volksrepublik China. Die Chinesen sind privat sehr gering verschuldet und haben zudem nur Staatsschulden in Höhe von 66 % der Wirtschaftsleistung. Bemerkenswert hoch im Verhältnis zu den Chinesen ist das Vermögen der Europäer, das mit 607 % der Wirtschaftsleistung zu Buche schlägt. Angeführt von den Italienern mit 631 % lassen sie die Chinesen mit 503 % deutlich hinter sich. Auch die Franzosen mit 570 % belegen einen Spitzenplatz. Die Deutschen schneiden mit 475 % eher schlecht ab. Das liegt u. a. an der geringen Staatsschuldenlast, an der zu hohen Steuer- und Abgabenlast, der geringen Eigentumsquote und an den kaum verzinsten Konten, Lebens- und Rentenversicherungen von Millionen von Deutschen.

Die Reichsten der Reichen – und was noch übrig bleibt

Sonntag, 16:39 Uhr: »Du denkst, Jeff Bezos, der Gründer von Amazon ist der reichste Mensch aller Zeiten?«, liest Reiner im vorletzten Abschnitt des Interviews. »Von wegen«, steht dort geschrieben. Elon Musk sitzt aktuell auf einem Vermögen von rund 269 Mrd. €, was ungefähr dem Gesamtvermögen aller 5,4 Mio. Slowaken entspricht. Jedoch zeigt der historische Vergleich, dass er weitaus weniger Vermögen auf sich konzentriert als die Superreichen anderer Epochen. Die Welt ist im Laufe der letzten Jahrtausende durch die Abschaffung der Sklaverei und den Abbau von Monopolen wesentlich gerechter geworden. Gemessen an der heutigen Wirtschaftsleistung war der reichste Mensch aller Zeiten der erste römische Kaiser Augustus mit 3.500 Mrd. €. Das entspricht etwa der heutigen Wirtschaftsleistung der Bundesrepublik Deutschland. Unter anderem zählte der ägyptische Staatsschatz zu seinem Privatvermögen. Schätzungen zufolge gab es 2020 weltweit rund 47 Millionen Millionäre. Eine immer größere Anzahl von ihnen kommt aus Asien, da sie die Dynamik ihrer Wirtschaftsleistung richtig zur Wohlstandsschaffung nutzen. Denn je stärker eine Wirtschaft wächst, desto mehr Vermögen entsteht. Allein in China konnten seit der Jahrtausendwende über 600 Mio. Menschen in die Mittelschicht aufsteigen. Die aufstrebenden Länder, allen voran China, tragen dazu bei, dass die Vermögensungleichheit weltweit zurückgeht. Im Jahr 2000 besaßen die unteren 90 % der Bevölkerung nur rund 11 % des weltweiten Vermögens. Heute sind es schon 16 %. In den entwickelten Industrieländern hingegen hat die Ungleichheit eher zugenommen. Ziel des Weltbankpräsidenten ist, die extreme Armut bis 2030 zu besiegen. Als extrem arm gilt jemand, der täglich maximal 1,70 € zur Verfügung hat. Vor 200 Jahren lebten von 100 Menschen 94 in extremer Armut. Heute hingegen sind es nur noch zehn Menschen. Während im Jahr 1820 lediglich 1 % der Weltbevölkerung in Demokratien lebte, sind es heute immerhin schon 56 %. Auch die Kindersterblichkeit ging von 43 % auf 4 % zurück. Es überleben also 96 % aller Kinder bis zum 5. Lebensjahr. Wir stehen freilich noch vor gewaltigen Herausforderungen und Verbesserungen. Es könnte aber auch alles viel schlechter sein. Reiner schluckt nach diesen Zahlen. Das wusste er so nicht. Die Welt scheint nicht so schwarz zu sein, wie sie oftmals dargestellt wird.

www.professor-money.de/b-dire

Platz	Name	Nettovermögen in €	Nettovermögen in % vom BIP
1	**Erster Römischer Kaiser Augustus** 63 v. Chr.–14 n. Chr.	**3.464 Mrd. €**	5 %
2	**Jakob Fugger, Unternehmer und Banker** 1459–1525	**693 Mrd. €**	1 %
3	**Cosimo de' Medici, Banker** 1389–1464	**393 Mrd. €**	0,5 %
4	**Elon Musk, Gründer von Tesla** 1971–heute	**269 Mrd. €**	0,32 %
5	**John D. Rockefeller, Ölmagnat** 1839–1937	**208 Mrd. €**	0,3 %
6	**Marcus Licinius Crassus, Immobilien-unternehmer und Politiker,** 114–53 v. Chr.	**207 Mrd. €**	0,3 %
7	**Muammar al-Gaddafi, Premier von Lybien** 1942–2011	**190 Mrd. €**	0,25 %
8	**Bernard Arnault, Chef von LVMH** 1949–heute	**180 Mrd. €**	0,21 %

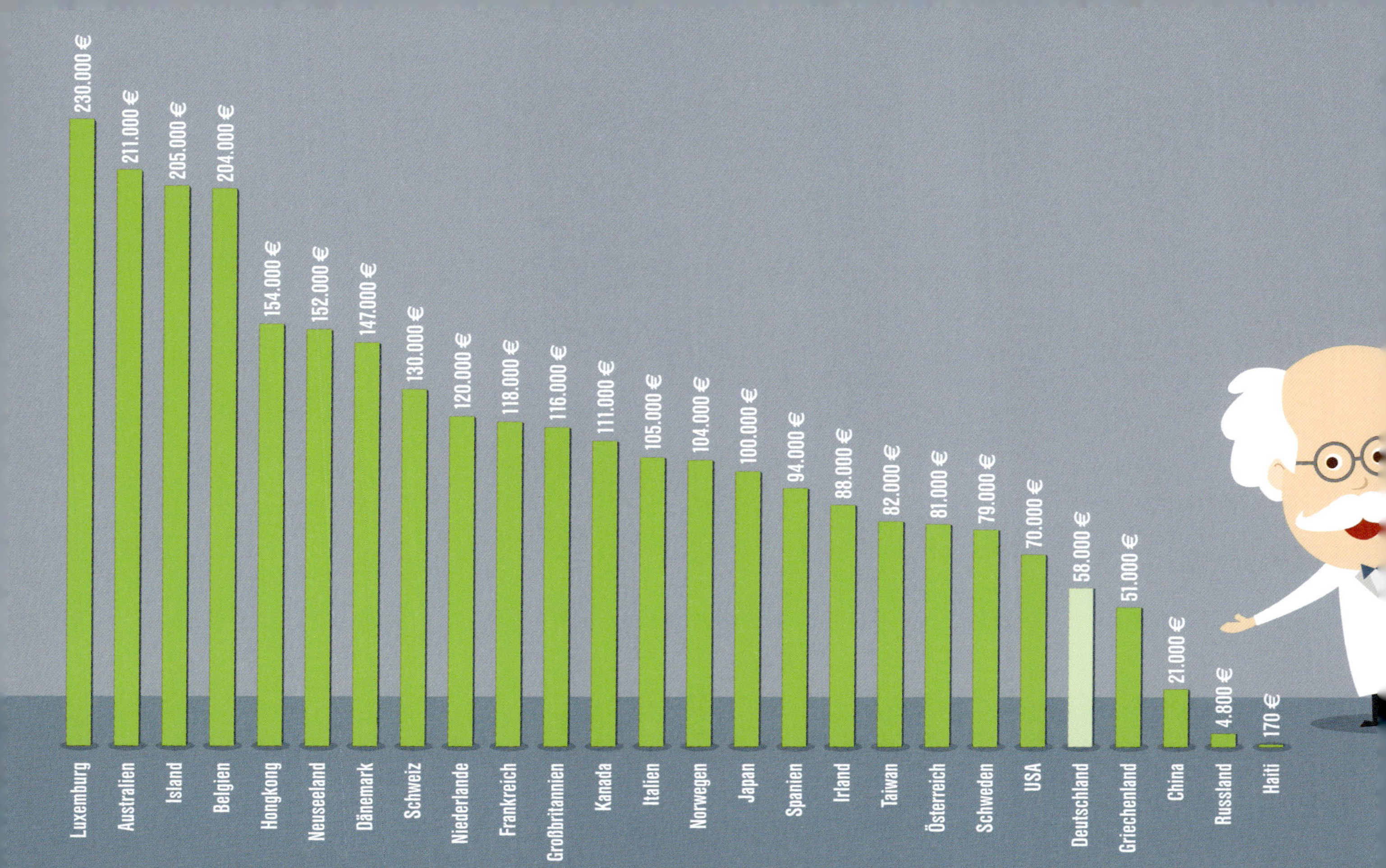

Netto-Gesamtvermögen pro Kopf (Median) in ausgewählten Ländern weltweit 2020

Quelle: Credit-Suisse Global Wealth Report 2021

Das Vermögen der Deutschen – ein Armutszeugnis

Sonntag, 16:47 Uhr: Reiner Redlich ist von sich selbst überrascht, als er den Artikel bis zum Ende liest. Denn bei derartigen Wirtschaftsthemen hat er stets spätestens nach der Hälfte abgebrochen. Mit Spannung liest er den letzten Teil. »Wer in Deutschland 58.000 € Nettovermögen besitzt, also Vermögen abzüglich Schulden, zählt genau zur Mitte der Gesellschaft. Die eine Hälfte hat also mehr und die andere weniger Vermögen«, steht dort geschrieben. »Da habe ich mit meinem Haus aber deutlich mehr«, freut er sich und liest weiter. »Jeder Zehnte hingegen ist überschuldet. Die Vermögensungleichheit hat auch in Deutschland zugenommen, wenngleich nicht so stark wie in den USA oder Russland. Die Italiener haben im Vergleich zu den Deutschen 105.000 €, fast doppelt so viel. Die Österreicher liegen bei 81.000 €, die Franzosen haben sogar 118.000 € Vermögen. In Europa belegt Deutschland, was das Vermögen pro Kopf angeht, infolgedessen einen der unteren Plätze.« Wie Reiner bereits weiter oben im Artikel gelesen hat, liegt das maßgeblich an der hohen Steuer- und Abgabenlast, der niedrigen Eigentumsquote und dem Festhalten der Sparer an Sparbüchern und Lebensversicherungen. Die Luxemburger dagegen nehmen den Spitzenplatz mit 230.000 € ein. Von 171 untersuchten Ländern ist Haiti mit 170 € Vermögen pro Kopf das Schlusslicht. Geht es um die Wirtschaftsleistung pro Kopf, sind die Deutschen mit 40.700 € vor den Italienern und Franzosen. Der Weltmeister ist ebenfalls Luxemburg mit 103.000 € pro Kopf. Auch wenn viele Deutsche im Vergleich zu anderen deutlich weniger Vermögen besitzen, haben dennoch zwei Drittel mehr als 90.000 €. Zu den Besserverdienern zählt man ab 3.400 € Nettoeinkommen als Lediger und 6.800 € als Paar. Spitzenverdiener bewegen sich im Bereich von 15.000 € monatlich. Im Durchschnitt verdienen die Deutschen rund 1.900 € netto, Familien mit Kindern etwas mehr. Viel wichtiger als Verdienst und aktuelles Vermögen ist die Frage, wie viel davon jeden Monat übrig bleibt, um sich zukünftig vom Durchschnitt abheben zu können. An dieser Stelle lächelt Reiner hämisch. Denn er ist sehr sparsam und legt 1.000 € monatlich zur Seite. Er liest weiter: »Was muss ein heute 20-Jähriger auf die Seite legen, um mit 67 Millionär zu sein?«, fragt der Professor. Reiner verblüfft die Antwort: »Schon mit 5.000 € einmalig und 200 € monatlicher Anlage in ein gut gestreutes Depot ist das Ziel absolut realistisch. Selbstverständlich mithilfe der Eltern«, so die Antwort. »Wenn ich das früher gewusst hätte. Für das Millionärsdasein wird es bei mir wohl nicht mehr ganz ausreichen, aber bestimmt für ein stattliches Vermögen«, murmelt Reiner vor sich hin.

Das Geldsystem – Wege aus dem Schuldendebakel

Sonntag, 14:38 Uhr: »Die Karre steckt schon so tief im Dreck. Wie kommen wir nur jemals wieder unbeschadet aus diesem Schlamassel heraus?«, murmelt der Professor und starrt ein Loch in die Decke seines Geldlabors. Nachdem er auf sein großes Interview viele positive Rückmeldungen und Fragen zu möglichen Lösungswegen aus der Schuldenorgie bekommen hat, entschließt er sich, einen Aufsatz für jedermann zu verfassen. Er beginnt: »Das historisch einmalige Experiment der Notenbanken und die damit verbundenen dauerhaft niedrigen Zinsen sind für alle vollkommen neu. Die Europäische Zentralbank erzeugt Geld in Billionenhöhe. Die EU-Bürger sind zunehmend verunsichert, ob der Euro überhaupt eine Zukunft hat und was das alles für ihr hart erspartes Geld bedeutet. Um das bereits verlorene Vertrauen der Bevölkerung in die Wirtschafts-, Finanz- und Geldpolitik wieder aufzubauen, bedarf es Ehrlichkeit in der Kommunikation, Klarheit in der Sache, gesundem Menschenverstand in der Bewertung und ökonomischem und ökologischem Sachverstand in der Lösungsfindung.« Der Professor überlegt: »Um die derzeitige Lage richtig abschätzen zu können, wären Daten aus der Vergangenheit hilfreich ... «, und er driftet gedanklich ins 19. Jahrhundert ab.

EU 1.0 – die Lateinische Münzunion als Vorbild?

Sonntag, 15:40 Uhr: »Schon 1865 wurde eine europäische Währungsunion unter der Federführung Frankreichs mit der Schweiz, Belgien und Italien gegründet«, schreibt der Professor. »Allgemeine Zielsetzung war vor allem die Vereinfachung des grenzüberschreitenden Handels. Insgeheim jedoch ging es dem französischen Kaiserreich vielmehr um den Ausbau seiner politischen und wirtschaftlichen Macht. Denn damals standen die Schweiz und Belgien ökonomisch weitaus fortschrittlicher da als die Franzosen. Die Quote der Analphabeten, ein damaliger Gradmesser des wirtschaftlichen Erfolges, lag in der Schweiz bei 30 %, in Frankreich bei 40–45 % und in Italien, damals wie heute ein Problemland, bei 75–80 %. Unterschiedliche Staaten mit nationaler Souveränität durch eine Einheitswährung zu vereinen, erwies sich bereits im 19. Jahrhundert als eine Fehlkonstruktion«, so der Professor. Denn das von der Währungsunion festgelegte Tauschverhältnis zwischen Gold und Silber – beides einst offizielles Zahlungsmittel – wurde schon bald zum Verhängnis. 1 kg Gold konnte gegen 15,5 kg Silber getauscht werden. Papiergeld spielte noch eine untergeordnete Rolle und wurde damals nicht als echtes Geld angesehen. Mit fatalen Folgen, wie sich später herausstellte. Denn anders als heute in der Europäischen Union behielt jedes Land seine eigene Zentralbank und konnte frische Münzen prägen und in Umlauf bringen, soweit Gold und Silber im Keller der Zentralbanken vorrätig waren. Das galt hingegen nicht für Banknoten. Um 1850 strömte allerdings sehr viel Gold aus Amerika und Australien nach Europa. Wenn zu viel Ware auf den Markt kommt, sinkt der Preis, auch bei Gold. Dies führte zu einer Abwertung von Gold gegenüber Silber. Durch den fixen Wechselkurs zwischen den beiden Edelmetallen wurde das gute Geld (Silber) durch das schlechte Geld (Gold) verdrängt. Zudem druckte das chronisch verschuldete Italien Papiergeld, um den Staatsbankrott zu verhindern. Die Flut der italienischen Banknoten führte zur Inflation. Die stabilen Gold- und Silbermünzen wurden von den Bürgern in den sicheren Mitgliedsländern gebunkert. Denn dort waren sie mehr wert als zu Hause. Jedoch bekamen auch Frankreich und Belgien durch den massiven Münzzufluss aus Italien und später auch aus dem beigetretenen Griechenland bald eine höhere Inflation. Die ausufernde Staatsverschuldung Italiens sorgte für eine Destabilisierung der Lateinischen Münzunion und Unzufriedenheit in den starken Ländern. Bei einem Auseinanderbrechen der Union wären die italienischen Münzen viel weniger wert gewesen als die anderen. Frankreich, Belgien und die Schweiz hätten also herbe Verluste einfahren müssen. Da man Kosten und Mühen scheute, vegetierte die Münzunion vor sich hin, bis es nach einem wirtschaftlichen Kollaps 1927 zur endgültigen Auflösung kam.

Sparen bis zum Umfallen – hilft das wirklich?

Sonntag, 15:52 Uhr: »Sparsamkeit ist die Tochter der Weisheit, die Schwester der Mäßigkeit und die Mutter der Freiheit«, murmelt der Professor. In der Tat ist Sparen sinnvoll. Das gilt sowohl für Staaten als auch für Unternehmen und Bürger. Die Deutschen erhöhten aufgrund der Coronakrise ihre Sparquoten von 10 % auf 16 %. Eine Vielzahl von Unternehmen kämpfen ums Überleben, einige holen die verpasste Digitalisierung nach und andere sparen sich gesund. Wenn jedoch alle sparen, muss einer Geld ausgeben, sonst geht es mit der Wirtschaft bergab. Und am Ende ist das immer der Staat. Man kann sich allerdings auch kaputtsparen, wie wir am Beispiel Griechenland gesehen haben. Schweden hingegen stand 1993 durch eine ungezügelte Kreditvergabe auch kurz vor dem Staatsbankrott. Durch einen radikalen Umbau des Rentensystems und knallharte Budgetdisziplin konnten sie jedoch ihr Haushaltsdefizit in den Griff bekommen und die Staatsschulden in wenigen Jahren bis heute auf rund 40 % der Wirtschaftsleistung drücken. Laut Bund der Steuerzahler könnte Deutschland durch einen Frühjahrsputz locker 22 Mrd. € an überflüssigen Ausgaben einsparen. Kuriose Fehlplanungen gibt es genügend, wie z. B. ein Toilettenhäuschen in Leverkusen mit 30 € Kosten pro Nutzung, 93.000 € für den Bau einer Brücke für Haselmäuse in Niederbayern, 80.000 € jährliche Kosten für ein leer stehendes Gebäude in der Fifth Avenue in Manhattan, 10 Mio. € für internationale Filmserien oder 515 Mio. € für den größten und teuersten Bundestag aller Zeiten. Die Liste ließe sich endlos fortführen. »Viel Kleinvieh macht eben auch Mist«, ärgert sich Professor Money und schimpft: »Das ist schließlich unser Geld. Sämtliche Ausgaben-, Förder-, Subventions- und Sozialprogramme gehören auf den Prüfstand. Wenn nicht jetzt, wann dann?« Gerade einmal 1,2 Mrd. € im Jahr 2020 oder 0,25 % der gesamten Staatsausgaben geben wir für digitale Infrastruktur aus, während 45 Mrd. € in die Verteidigung und 158 Mrd. € in Arbeit und Soziales fließen. Bildung und Forschung scheint mit 18 Mrd. € oder 3,7 % ebenfalls nicht auf der Prioritätenliste zu stehen, obwohl ein rohstoffarmes Land wie unseres nur durch gute Bildung und Wissen glänzen kann. Die Gesamtausgaben liegen bei 484 Mrd. €. »Wir brauchen endlich entschlossene Politiker mit Sinn für Priorität und ökonomische Vernunft«, ruft der Professor sichtlich gereizt.

Schulden sozialisieren – haftet Deutschland für alle?

Sonntag: 16:06 Uhr: »In einem Wirtschaftsaufschwung müssen Schulden auch einmal abgebaut werden, während sie in einer Krise ausgeweitet werden müssen. Aber was ist, wenn sich nur Deutschland und einige Nordländer in Europa daran halten und es Südländer dauerhaft einfach nicht schaffen?«, geht dem Professor durch den Kopf. Grübelnd sucht er nach einer genauen Beschreibung der Natur des Problems. Nach einigen Minuten kreist ihm folgendes Beispiel durch den Kopf: »Fünf Arbeitskollegen gehen gemeinsam zum Mittagessen. Die einen bestellen etwas Günstiges, die anderen teurere Gerichte. Als die Gesamtrechnung durch fünf geteilt wird, bezahlen die Sparsamen für die anderen den erhöhten Anteil mit einem leichten Grummeln mit. Am zweiten Tag wieder das Gleiche. Am dritten Tag entbrennt eine Diskussion. Wer teuer bestellt, profitiert, wer bescheiden bleibt, verliert. Die Neigung aller, teurer zu bestellen, steigt. Eines Tages ist die Gesamtrechnung so hoch, dass sie zusammen nicht genügend Geld in der Tasche haben, um die Rechnung bezahlen zu können.« Schon Anfang des 19. Jahrhunderts vergemeinschaftete der erste Finanzminister der USA, Alexander Hamilton, die Schulden der einzelnen amerikanischen Bundesstaaten. Voller Freude verschuldeten sie sich nun kräftig und machten sich über die Rückzahlung wenig Gedanken, da Washington mit seinen schützenden Händen darüber wachte. Nach dem Platzen einer Finanzblase konnten die Staaten die Schulden allerdings nicht mehr zurückzahlen und neun der damals 29 Bundesstaaten waren pleite. Die restlichen 20 Staaten waren nicht in der Lage, die anderen zu retten. So hinterließ das ungelöste Schuldenproblem nichts als Hass und Streit. Nach dem amerikanischen Bürgerkrieg haftete jeder US-Bundesstaat wieder selbst für seine Schulden. Wir in der EU begehen womöglich bald den gleichen Fehler wie die USA vor 200 Jahren. Nur dass die schützende Hand nicht in Washington sitzt, sondern in Frankfurt bei der Europäischen Zentralbank (EZB). Sie manipuliert die Zinsen der einzelnen Mitgliedsstaaten, um deren Zinslast niedrig zu halten. Neue Schulden zu machen wird dadurch sogar gefördert. Unter normalen Bedingungen würden die Geldgeber dem italienischen Staat nur zu hohen Zinsen Geld verleihen. Denn die Wahrscheinlichkeit, das verliehene Kapital ohne die EZB wiederzubekommen, ist im Verhältnis zu anderen Ländern viel geringer. Genau diesen Marktmechanismus setzt die EZB dauerhaft außer Kraft. Dazu fällt dem Professor ein passendes Sprichwort ein: »Wenn der Angler jeden Tag einen Fisch geschenkt bekommt, verlernt er bald zu angeln.«

Vermögensabgabe – die Reichen geben, die Armen nehmen

Sonntag, 16:15 Uhr: »Die Deutschen haben sich nach der Währungsreform mit dem Wirtschaftswunder aus der Armut befreit, begleitet von der größten Vermögensabgabe des letzten Jahrhunderts. Um die Sparer zu entschädigen, die finanziell am meisten unter dem Zweiten Weltkrieg litten, zahlten die Vermögenden, vorrangig Immobilienbesitzer, 30 Jahre lang 50 % ihres Vermögens auf Raten in einen Lastenausgleichsfonds ein, oft finanziert über Kredite. Wer also umgerechnet z. B. 100.000 € Vermögen hatte, zahlte 50.000 € in monatlichen Raten von knapp 139 € 30 Jahre lang an das Finanzamt«, erinnert sich der Professor. Bei den linken Parteien steht das Thema Umverteilung immer schon auf der Tagesordnung. Deutschland hat Staatsschulden von rund 70 % der Wirtschaftsleistung im Jahr 2020. Das sind knapp 2.300 Mrd. €, bei einer jährlichen Wirtschaftsleistung von ca. 3.300 Mrd. €. Um die Staatskasse aufzubessern, könnte der Staat darüber nachdenken, 50 % seiner Goldreserven im Wert von 162 Mrd. € zu verkaufen. Im Gegensatz zu Deutschland haben die Italiener die geringste Verschuldung der EU im privaten Sektor und fast dreimal so viel Vermögen wie wir. Die Staatsschulden hingegen laufen seit Jahren aus dem Ruder und könnten mit einer Vermögensabgabe saniert werden. In Deutschland ist eine Diskussion über eine Vermögensabgabe indiskutabel, da wir über geringe Privatvermögen verfügen und zusammen mit Belgien die höchsten Steuern zahlen. 72 % der Italiener besitzen außerdem Eigentum. Deutsche hingegen haben nur eine Eigentumsquote von unter 50 %. Italien hatte im Jahr 2020 eine Wirtschaftsleistung von rund 1.700 Mrd. €, bei einer Staatsverschuldung von ca. 2.600 Mrd. €. Das Gesamtvermögen aller Italiener betrug 10.000 Mrd. €. Um die Staatsschulden zu halbieren, müsste jeder Italiener, der z. B. 100.000 € besitzt, nur 67 € im Monat über die nächsten 20 Jahre abbezahlen. Viele könnten die Zahlung aufgrund ihrer geringen Verschuldung sogar über günstige Kredite finanzieren. Somit wäre es für die meisten mit einem Zähneknirschen machbar. Mit Freibeträgen blieben Geringverdiener außen vor und Vermögende würden etwas mehr abgeben. »Eine Umverteilung auf Raten ist besser geeignet, als eine einmalige Vermögensabgabe, da oftmals das meiste Geld in Immobilien, Aktien oder Beteiligungen steckt, die verkauft werden müssten. Das würde zu fallenden Preisen und sinkender Investitionsbereitschaft führen, was wiederum Gift in einer Krise ist«, hält die innere Stimme des Professors fest. Nebenbei erwähnt könnte Italien als drittgrößter Goldbesitzer weltweit z. B. 50 % seiner Reserven verkaufen und knapp 60 Mrd. € extra aufbringen.

SUP

Hyperinflation und Schuldenschnitt – verlieren am Ende alle?

Sonntag, 16:24 Uhr: »770 % Staatsschulden im Verhältnis zur Wirtschaftsleistung. So sah es in Deutschland nach dem 2. Weltkrieg 1948 aus«, erinnert sich der Professor. Ende 2020 liegen wir in Deutschland geschätzt dagegen bei rund 70 % und in der Eurozone bei etwa 100 % Verschuldung im Verhältnis zur Wirtschaftsleistung. Die knapp 1.850 Mrd. €, die die Europäische Zentralbank den Banken und Staaten 2020/2021 zur Verfügung gestellt hat, hören sich gewaltig an. Zum einen wurde allerdings nur ein Teil sofort ausgegeben. Der Rest sind Kredite, Bürgschaften und Schutzfonds. Insgesamt erhöht sich die Geldmenge ***(M3)***[1] um 16 % der jährlichen Wirtschaftsleistung auf etwa 14.500 Mrd. € (Stand Ende 2020). »Das ist eine extreme Summe«, denkt sich Professor Money und ergänzt: »Im Verhältnis zu 1948 jedoch immer noch überschaubar. Trotz dieser aktuell mächtigen Geldvermehrung und der temporär höheren Inflation bei Konsumprodukten ist das allgemeine Vertrauen in den Euro als Tauschmittel nach wie vor intakt. 1948 hingegen zahlten die Deutschen lieber mit Zigaretten und Kartoffeln. Eine Hyperinflation wie 1923 sehe ich ebenfalls nicht kommen, da Verbraucher in einer ungewissen Zukunft eher horten. Lieferengpässe führen zu steigenden Preisen. Sobald die Kapazitätsauslastung in Firmen wieder angepasst ist, können reale Löhne nachziehen. Löhne und Verbraucherpreise geben sich dann quasi die Hand. Bei Normalisierung werden wir über dieses Jahrzehnt wohl eher 2–4 % Inflation haben als 0–2 %. Das hilft den Staaten beim langfristigen Schuldenabbau und lässt die Vermögenspreise von realen Werten weiter klettern. Eine Währungsreform für die zweitgrößte Währung der Welt ist schwer vorstellbar. Denn ein beträchtlicher Teil der umlaufenden Euro-Geldmenge ist im Besitz ausländischer Staaten und Investoren, die ihr Geld ganz oder zum Teil verlieren würden. »Das machen die nie mit. Schließlich haben wir keinen Krieg. Die Eintrittswahrscheinlichkeit einer Währungsreform wie 1948 liegt bei unter 5 %«, ist sich Professor Money sicher.

---

[1] ***M3:*** *(Money 3), gesamte Geldmenge (Bargeld, Girokonto, Sparbuch, Tagesgeld, Festgeld, Geldmarktfonds)*

Finanzrepression – Entschuldung in Zeitlupe

Sonntag, 16:34 Uhr: »Kein Politiker der Welt kann dafür verantwortlich gemacht werden.« Der Professor denkt an die Inflation – die Entschuldung in Zeitlupe. Sie ist schleichend und nagt an unseren wenig bis gar nicht verzinsten Sparkonten und Lebensversicherungen und führt gleichzeitig zu einem Abbau der Staatsschulden. In einer Hyperinflation können Bürger dabei zuschauen, wie ihr Sparvermögen in kurzer Zeit schmilzt wie Eis in der Sonne, bis sie vollständig ruiniert sind. Die Finanzrepression hingegen verläuft schleichend wie ein langsam wirkendes Gift. Durch die Methode der Finanzrepression schafften es die USA, ihren Schuldenberg durch den 2. Weltkrieg von 119 % der Wirtschaftsleistung 1946 bereits nach 15 Jahren auf 52 % und 1974 sogar auf unter 31 % zu drücken. Sie haben in der Nachkriegszeit ihre Zinsen festgeschrieben von 0 % bis maximal 2,5 %, um die Kreditnachfrage anzukurbeln. Das führte zu einem starken Wirtschaftswachstum von jährlich 4,6 % zwischen 1945 und 1974, das sich in höheren Inflationsraten von rund 5 % pro Jahr niederschlug. Die USA investierten damals trotz Rekordschulden viel Geld. Es entstand unter anderem das Interstate-Highway-System, mit dem die Transportkosten deutlich sanken. Die Produktivität nahm zu und die Wirtschaft wuchs rasant. Gleichzeitig verloren die amerikanischen Sparer aufgrund der negativen Realverzinsung von rund 3 % pro Jahr in rund 20 Jahren die Hälfte ihres Konto- und Versicherungsguthabens. In der EU befinden wir uns aktuell in einem ähnlichen Prozess, allerdings ohne großes Wirtschaftswachstum und hoher, offiziell ausgewiesener Inflation. Steigt jedoch die Geldmenge weiter auf Dauer schneller als die produzierten Waren, entsteht ein Geldüberhang, der zu weiter steigenden Vermögenspreisen führen wird. Parallel dazu münden die gestiegenen Rohstoffpreise in höhere Konsumentenpreise. »Stell dir vor, du hast eine Million € Schulden und ein Einkommen von 2.000 € im Monat. Bei einem Guthabenzins von 0 % und einer Inflation von 2 % ergibt sich eine Geldentwertung von 20.000 € jährlich. Wie die Staaten Europas setzt du deine Schulden der Inflation aus und zahlst unter Berücksichtigung des Kaufkraftverlustes in 20 Jahren nur noch 600.000 € zurück, da dieses Geld zukünftig weniger wert sein wird. Auf dem Papier bleibt die Rückzahlung bei einer Million €. Der Staat hat jedoch im Vergleich einen entscheidenden Vorteil. Er muss seine Schulden nie zurückzahlen. Er kann das aber nicht ganz ausreizen, da er sonst unglaubwürdig wirken würde. Bisher nutzt die Politik diese Art der Entschuldung. Auf der anderen Seite fließt das Geld in nicht beliebig vermehrbare Güter wie Immobilien, Grundstücke, Aktien, Gold und Bitcoin und wirkt preistreibend«, resümiert der Professor.

Imitierte Inflation – die Zentralbank gewinnt immer

Sonntag, 16:40 Uhr: »Aber was, wenn die Konsumentenpreisinflation, zumindest die offizielle, einfach nicht nachhaltig und dauerhaft steigen will? Welche Möglichkeiten hat die EZB dann, ohne das komplette Geldsystem umzukrempeln?«, überlegt der Professor. »Die überhöhte Geldmenge müsste eingefangen werden, sobald die Wirtschaft wieder brummt. So wäre das Gleichgewicht zwischen Geld- und Warenmenge wiederhergestellt. Dafür müsste die EZB ihre aufgekauften Staatsanleihen wieder über die Banken an den freien Markt verkaufen, sofern sich überhaupt Käufer für diese unattraktiven Papiere finden ließen. Der Verkauf würde zu fallenden Kursen führen, die wiederum große Löcher in die Bankbilanzen reißen. Denn durch die Kursverluste mindert sich das scheinbare Eigenkapital aller Halter von Staatsanleihen. Das könnten sich weder marode Banken noch Pensionsfonds leisten, da hier ein Dominoeffekt entstehen könnte, der zu großen wirtschaftlichen Verwerfungen führen könnte. Somit ist dieser Weg eher Theorie«, ist sich Professor Money sicher. Wenn also die Inflation nicht nachhaltig bleibt, ist es möglich, sie zu imitieren? Der Professor überlegt: »Die EZB könnte eine parallele digitale Währung einführen, die als einziges gesetzliches Zahlungsmittel erlaubt ist. Jeder EU-Bürger besäße dann z. B. ein direktes Konto bei seiner jeweiligen Bundesbank. Das könnte man mit 5 % negativem Zins ausstatten. Das funktioniert aber nur, wenn man erstens das Bargeld abschafft, sonst heben alle ihr Geld ab. Es zu Hause aufzubewahren kostet nichts. Zweitens müsste unser Geld auf dem Girokonto nur mit einem Wechselkurs in Höhe des negativen Zinses im Verhältnis zum elektronischen Zentralbankgeld versehen werden. Somit würde es jedes Jahr um 5 % abgewertet und wäre dem Zentralbankgeld gleichgestellt. Rein rechtlich bedarf es hierbei keiner Änderung, da Bankengeld schon heute kein gesetzliches Zahlungsmittel ist. Die erhöhte Geldmenge ließe sich so abbauen, allerdings auf Kosten aller Besitzer von Sparbüchern, Giro- und Tagesgeldkonten und Bausparverträgen. Einen Ausweg für Verbraucher gäbe es nur durch Konsum. Sprich, alle geben ihr Geld aus, sonst werden sie jedes Jahr 5 % ärmer. Außerdem würde eine Flucht in reale Werte einsetzen, die den ohnehin schon bestehenden Vermögenspreisanstieg beschleunigt. Ein erhöhter Konsum hätte Umsatzsteigerungen der Unternehmen zur Folge und die Wirtschaft käme in Schwung. Mehr Wachstum, steigende Investitionen und höhere Löhne wären die Folge. Schlussendlich wäre das Ziel, nämlich dauerhaft steigende Konsumentenpreise, erreicht. Nach einer Normalisierung über mehrere Jahre könnte der Negativzins wieder abgeschafft werden und die Staatsschulden hätten sich reduziert.«

Das Vollgeldsystem – die Entmachtung der Banken

Sonntag, 16:45 Uhr: »Stell dir vor, der Hund eines Metzgers hat jede Nacht Zutritt zur Vorratskammer, was passiert?«, formuliert der Professor laut vor sich hin. »Sehr gefährlich«, denkt er sich, »der Hund überfrisst sich ständig. Wie die gierigen Banken, die nicht genug bekommen können«, gibt er sich selbst zur Antwort. Im gegenwärtigen System existieren zwei Kreisläufe des Geldes. Der eine findet zwischen Banken, der Zentralbank und dem Staat statt. Der andere Kreislauf besteht zwischen den Banken und uns Privatpersonen, Unternehmen und ebenfalls den Staaten. Zudem gibt es zwei Arten von Geld: Das Bargeld und das ***Buchgeld***[1)], das auch Giralgeld genannt wird. Das Bargeld, auch echtes Geld genannt, beträgt jedoch nur knapp 10 % der umlaufenden Geldmenge. Das restliche Buchgeld hingegen kann durch Banken quasi per Knopfdruck erzeugt werden. Aufgrund der geringen Menge an Bargeld und des Monopols der Banken, selbst Geld erzeugen zu können, ist die Einflussnahme der Zentralbank begrenzt. Wenn wir als Kunden bei der Bank einen Kredit über 100.000 € beantragen, muss die Bank bei der Zentralbank immer mindestens 1 % als Mindestreserve, also in diesem Beispiel 1.000 €, hinterlegt haben und wir bekommen das Geld auf unserem Konto gutgeschrieben. Die Bank kassiert dafür dann Zinsen. Bei Rückzahlung des Kredits lösen sich die Schuld und die Forderung wieder gegenseitig auf. So hat die Bank aus dem Nichts über die Zinsen Geld verdient. Eine Lizenz zum Gelddrucken. Auf der anderen Seite verleihen alle Kontoinhaber ihr Geld an die Bank, sobald sie ein Konto eröffnen und dort einzahlen. Die Bank schuldet somit allen Kontoinhabern deren eigenes Geld. Das Verlangen des Hundes nach immer mehr Wurst ist vergleichbar mit einer geldhungrigen Bank. Erst wenn dem Hündchen der Zutritt zur Vorratskammer verwehrt wird, kann es sich nicht mehr überfressen. Durch eine Gesetzesänderung könnte den Banken die Gelderzeugung aus dem Nichts verboten werden. Die im Einklang mit der Wirtschaftsleistung abhängige Geldherstellung und die Kontrolle der Geldmenge läge dann ausschließlich bei einer von der Regierung unabhängigen Zentralbank. Banken könnten zwar weiterhin Kredite ver-

[1)] ***Buchgeld:*** *Von Banken erzeugtes elektronisches Geld*

www.professor-money.de/b-edb

geben, aber nur in Höhe der von den Sparern zur Verfügung gestellten Gelder. Somit wären Banken allen anderen Finanzunternehmen gleichgestellt und würden ihren Wettbewerbsvorteil verlieren, Geld zu erschaffen. Damit könnten durch Banken verursachte Schuldenkrisen verhindert werden und die Banken müssten nicht durch die Steuerzahler gerettet werden. Das Kontoguthaben der Kunden wäre also echtes Zentralbankgeld und stünde außerhalb der Bankbilanz. Somit wäre das Girokonto durch den Status des Sondervermögens rechtlich genauso sicher wie ein Depotkonto bei einer Bank oder das zinslose Bargeld im eigenen Tresor. Für den Kunden ändert sich auf den ersten Blick nicht viel. Mit dem entscheidenden Unterschied, dass er jetzt über ein elektronisches Zahlungsmittel verfügt, das nicht verschwinden kann. Genauso wie Bargeld. Wer Zinsen will, muss sein Geld nach wie vor der Bank leihen. Dann entsteht allerdings wieder eine Forderung gegenüber der Bank, das birgt Risiken.

Vollgeld als eierlegende Wollmilchsau – ist das die Lösung?

Sonntag, 17:02 Uhr: Geld gibt es bereits seit 2.000 Jahren als Münzen und seit 100 Jahren als Banknoten. Im Zuge einer Systemumstellung auf echtes Zentralbankgeld würde den Banken das Recht zur Herstellung von eigenem elektronischem Buchgeld untersagt. »Früher war es den privaten Banken sogar erlaubt, selbst Bargeld in Form von Banknoten zu drucken. Daher auch der Name. Warum bitteschön dürfen sie heute immer noch elektronisches Geld herstellen?«, fragt sich der Professor. Sowohl die Bar- als auch die Buchgeldherstellung gehört ausschließlich in die Hände einer dem Allgemeinwohl dienlichen und regierungsunabhängigen Zentralbank. Der Professor blickt in die Zukunft und denkt: »Eine Umstellung wird den Banken überhaupt nicht schmecken, denn sie haben sich an die Bevorteilung durch die Möglichkeit zur Geldherstellung gewöhnt. Sie werden sich gegen die Abschaffung dieser Subventionen mit allen Mitteln wehren. Banken dürften sich hingegen wieder auf Zahlungsverkehr, Kreditgeschäft und Vermögensverwaltung konzentrieren, allerdings nur mit dem vom Sparer zur Verfügung gestellten Kontoguthaben. Eine längst überfällige Entwicklung zum Nutzen aller.« Beim Vollgeld kommt neues Geld durch die Zentralbank zins- und schuldfrei in den Wirtschaftskreislauf. In einem Vollgeldsystem kann die Geldmenge mit der wirtschaftlichen Entwicklung abgestimmt werden. Wächst die Wirtschaft, wächst auch die Geldmenge. Somit könnte dem Staat und seinen Bürgern ein bisher ungenutztes Potenzial der Geldherstellung zugutekommen. Beide kämen so in die komfortable Lage, die neu erzeugte Geldmenge jedes Jahr zu erhalten. Professor Money rechnet vor und grübelt: »Deutschland hat aktuell eine Wirtschaftsleistung von 3.300 Mrd. €. Bei einem angestrebten realen Wirtschaftswachstum von 2 % pro Jahr würde sich auch die Geldmenge unter Berücksichtigung der Inflation von 2 % und der Veränderung der ***Umlaufgeschwindigkeit***[1)] des Geldes von -0,5 % um 4,5 % oder 149 Mrd. € pro Jahr erhöhen. Die Zentralbank könnte dieses Geld entweder dem Staat für Investitionen oder Steuerentlastungen schuldfrei zukommen lassen oder jedem Bürger direkt eine Gutschrift in Höhe von knapp 1.800 € jährlich überweisen. Banken

www.professor-money.de/b-voll

[1)] ***Umlaufgeschwindigkeit:*** *Geschwindigkeit, wie oft Geld den Besitzer wechselt. Je höher, desto gesünder die Wirtschaft.*

hingegen müssten bei der Zentralbank Geld gegen Zinsen leihen. Die Zinsen, die Banken bisher mit aus dem Nichts geschaffenen Krediten kassierten, kämen der Zentralbank zugute und könnten ebenso an den Staat und seine Bürger ausgeschüttet werden. Durch den Wegfall der Zinsen auf die neuen Staatsanleihen sinkt folglich die Schuldenlast des Staates. Banken- und Schuldenkrisen würden abnehmen. Auch Spekulationsblasen wären nicht mehr so groß, da sie nicht mehr mit selbst geschöpftem Bankengeld aufgeblasen werden könnten. Aber eine höhere Inflation wäre nicht ausgeschlossen, da ausländische Rohstoffe teurer werden könnten und sich auf die inländischen Preise niederschlagen würden. Man müsste das Vollgeldsystem mit der Innovation der digitalen Welt verbinden, um mit den Großmächten langfristig Schritt halten zu können.«

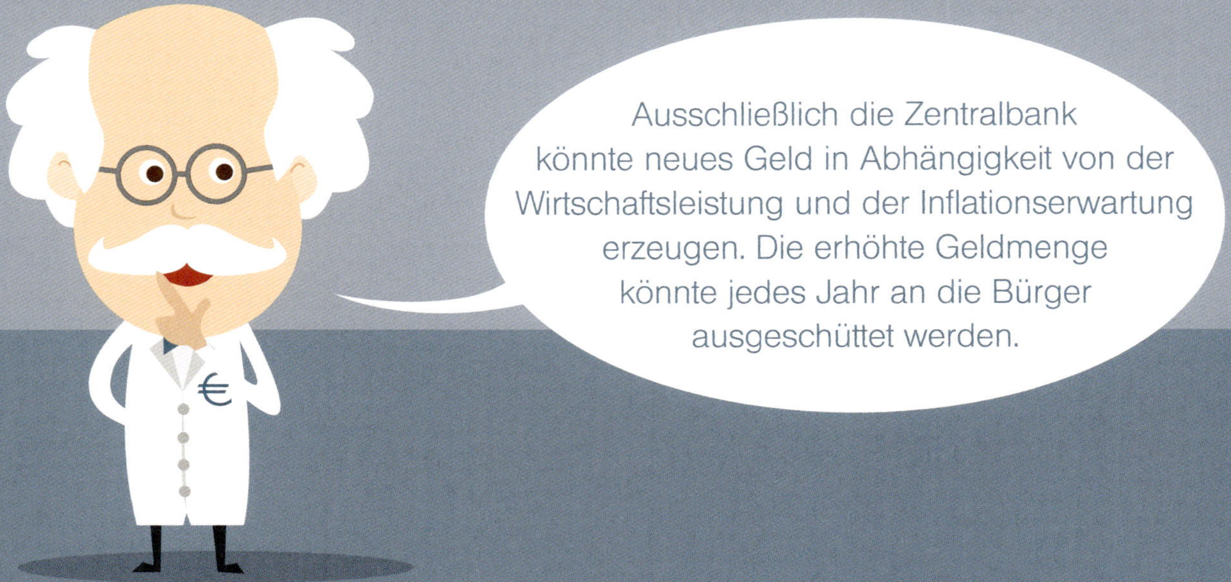

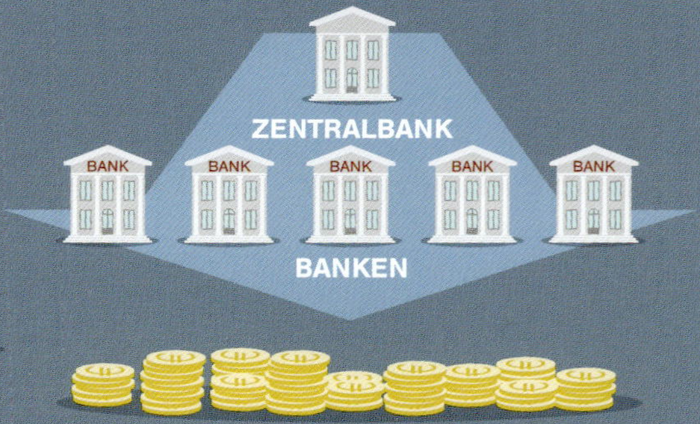

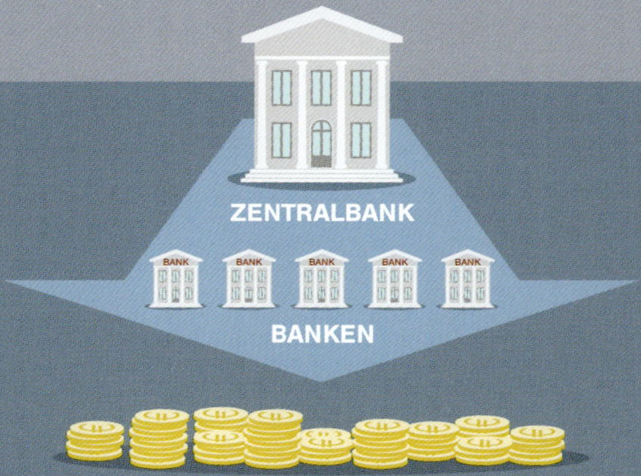

	AKTUELLES GELDSYSTEM	VOLLGEDECKTES GELDSYSTEM
Zentralbank	Kontrollverlust bei der Steuerung der Geldmenge, da 90 % der Geldmenge aus von Banken geschaffenem Buchgeld bestehen.	Erhöhung der Geldmenge in Abhängigkeit von der Wirtschaftsleistung und Ausschüttung des Geldherstellungsgewinns an Staaten und Bürger.
Banken	Banken vergeben Kredite aus dem Nichts. Für 100 € Kredit muss nur 1 € Mindestreserve bei der Zentralbank hinterlegt werden.	Banken vergeben Kredite nur in Höhe ihrer Kundeneinlagen, wie jedes andere Finanzunternehmen auch.
Staaten	Staatsschulden ca. 100 % der Wirtschaftsleistung. Gäbe es Zinsen wie vor 2008, könnten viele Staaten ihre Zinslast nicht mehr aufbringen. 2020: 11.500 Mrd. € Staatsschulden Eurozone.	Staatsschulden 28 % der Wirtschaftsleistung, da Altschulden bei der Zentralbank end- und zinslos hinterlegt sind. Geldherstellungsgewinn fließt von der Zentralbank an die Staaten.
Bürger	Sicherheit des Kontoguthabens ist abhängig von der Wirtschaftslage der Bank. 2020: 8.900 Mrd. € Kontoguthaben.	Kontoguthaben immer zu 100 % rechtssicher, da sie aus echtem nicht verschwindbarem Zentralbankgeld bestehen. Geldherstellungsgewinn, der bisher den Banken zugeflossen ist, könnte jedes Jahr an die Bürger fließen.

Der digitale Euro – Entschuldung per Knopfdruck

Sonntag, 17:11 Uhr: »Überschuldung, Krisenanfälligkeit und Ungerechtigkeit sind die Folge der Geldherstellung durch private Banken«, ruft der Professor ärgerlich und fragt sich: »Wäre es möglich, ohne Enteignung der Bürger den Euro als echtes, digitales Zentralbankgeld neu aufzustellen?« Er grübelt: »Eine sichere europäische Gemeinschafts- und eine starke internationale Leitwährung wären die Folge.« 2020 hatte die Eurozone eine Wirtschaftsleistung von geschätzt 11.400 Mrd. € und Staatsschulden in Höhe von 11.500 Mrd. €, also ein Verhältnis von rund 100 %. 8.900 Mrd. € betragen die Giroguthaben aller Kunden in der Eurozone. Bisher hat die EZB Staatsanleihen von rund 4.700 Mrd. € aufgekauft. Sie könnte also ihren Bestand in den nächsten Jahren um weitere 4.200 Mrd. € aufstocken. Somit wären alle Kontoguthaben der Kunden zu 100 % durch Zentralbankgeld gedeckt. Eine Auszahlung von der Bank an die Kunden wäre somit immer gewährleistet. Aus Kontoguthaben der Kunden, das sie an Banken verliehen haben, entstünde echtes Zentralbankgeld, sofern die Girokonten der Kunden zu Zentralbankkonten umgewandelt würden. Dadurch wäre das Buchgeld mit dem Bargeld gleichgestellt und Banken würden Kontoguthaben der Kunden nur noch verwahren, wie bei einem Wertpapierdepot. Das Kontoguthaben wäre somit zu 100 % vor Bankenpleiten geschützt, weil es sich außerhalb der Bankbilanz befindet. So erübrigt sich eine Bankenrettung durch den Steuerzahler, denn das Geld der Kunden würde ohnehin nicht in die Konkursmasse der Banken fließen. Der Bestand an Staatsanleihen bei der Zentralbank bliebe entweder stehen oder könnte getilgt werden. Eurostaaten müssten ihre Schulden von 8.900 Mrd. € durch eine end- und zinslose Laufzeit nicht mehr zurückzahlen. So könnte die Eurozone ihre Staatsschuldenlast auf 23 % der Wirtschaftsleistung reduzieren und hätte enormen Spielraum für wachstumsfördernde Investitionen und Steuersenkungen. Der vom Wirtschaftswachstum eines jeden Jahres abhängige ***Geldherstellungsgewinn*** [1)] könnte in Form eines auf ***Blockchain*** [2)]-Technologie basierten digitalen Euros an Staat und Bürger direkt ausgezahlt werden. Die Schaffung des neuen Geldes wäre mithilfe eines digitalen Wasserzeichens nicht manipulierbar. Ausschließlich die EZB könnte diese digitalen Euros ausgeben. »Ich hänge sehr am Bargeld«, denkt der Professor, »schließlich bin ich schon über 80 Jahre alt. Darum wäre ich dafür, dass man den digitalen Euro jederzeit 1:1 gegen Bargeld tauschen kann.«

[1)] ***Geldherstellungsgewinn:*** *Erhöhung der Geldmenge, die z. B. an Staat und Bürger jährlich ausgeschüttet wird*

[2)] ***Blockchain:*** *Informationen werden mithilfe einer dezentralen, von vielen Teilnehmern gemeinsam genutzten Datenbank fälschungssicher übermittelt.*

Warum ist der digitale Zentralbankeuro eine einmalige Chance?

Sonntag, 17:17 Uhr: Bisher existieren die Legislative, das gesetzgebende Organ, die Exekutive als ausführendes Organ und die Judikative als regierungs(un)abhängige, jedoch dem Gesetz verpflichtete rechtliche Institution. Die neue, demokratisch legitimierte Währungsbehörde könnte als Monetative, die ebenfalls unabhängig die Geldpolitik im Gesamtinteresse der EU betreibt, hinzugefügt werden. Sie steuert die Geldmenge, gewährleistet die Preisstabilität und sorgt dafür, dass weder zu viel noch zu wenig Geld in den Wirtschaftskreislauf gelangt. »Wenn die fünf Freunde am Mittagstisch nur noch mit einer auf ihren Kontostand angepassten Speisekarte bestellen dürften, könnte keiner mehr ausgeben, als er sich tatsächlich leisten kann. Findet er dennoch eine Lücke, streicht ihm das Restaurant die großzügigen Treuepunkte«, denkt sich der Professor. »Durch einen algorithmisch festgelegten schlauen Vertrag kann der digitale Euro eine ausufernde und regelbrechende Überschuldung der Staaten verhindern. Die fünf Freunde repräsentieren die europäischen Staaten mit unterschiedlicher Wirtschaftskraft. Jeder kann nur so viele Schulden aufnehmen, wie die eigene Wirtschaftsleistung zulässt. Der Restaurantbesitzer ist die europäische Zentralbank, die als Treuepunkte den jährlichen, milliardenschweren Geldherstellungsgewinn an die Staaten verteilt. Sie wären verpflichtet, diese Gelder zur Schuldentilgung zu verwenden, damit Investitionen zu fördern, Steuern zu senken oder sie an die Bürger direkt zu verteilen. Wer dagegen verstößt, wäre von dieser Geldverteilung der EZB ausgeschlossen. Jeder europäische Staat wäre sicherlich damit einverstanden, wenn der Großteil der Altschulden bei der EZB endgelagert wird. Länder mit Zahlungsschwierigkeiten könnten optional eine Parallelwährung ausgeben, um wettbewerbsfähig zu bleiben. Wir könnten mit einem grenzüberschreitenden digitalen Euro die Abhängigkeit Europas vom US-Dollar, von amerikanischen und bald auch chinesischen Onlineplattformen reduzieren. Mit dem neu aufgestellten Euro bekämen andere digitale Währungen Konkurrenz. Die Nutzer dieses neuen Geldes würden durch mehr Wettbewerb nur profitieren. Im Zuge der Umstellung zum Vollgeld und des daraus resultierenden Abbaus der Regulierungen würden vor allem kleinere Banken und Sparkassen profitieren und könnten sich wieder besser auf die Förderung der Region konzentrieren.« Mit diesen Worten beendet Professor Money seine Ausführungen.

www.professor-money.de/b-diwa

*Neu strukturierte und unabhängige Währungsbehörde

Technologietrends – beängstigend oder atemberaubend?

Sonntag, 09:41 Uhr: Lisa ist etwas nervös. Morgen muss sie ihre Projektarbeit abgeben. Den ersten Teil, die Krisen der Wirtschaftsgeschichte, hat sie gestern bereits erledigt. Im zweiten Teil darf sie sich mit der Zukunft befassen. Es geht um die spannendsten Megatrends der nächsten zehn Jahre und die dazugehörigen zukunftsweisenden Technologien. Ihre Lehrerin meinte, dass niemand wirklich in die Zukunft blicken kann, aber sie solle dennoch recherchieren und die neuesten Ergebnisse der Forschung präsentieren. Nach dem Frühstück besucht sie ihren Onkel Felix von Freudenreich. Er ist erfolgreicher Internetunternehmer und hatte in der Vergangenheit immer einen sehr guten Riecher, was die Zukunft anbelangte. »Guten Morgen, Lisa. Schön dass du vorbeischaust. Was gibt es Neues bei dir?« »Mir geht es so weit ganz gut. Ich muss morgen mein Schulprojekt abgeben. Dafür soll ich zehn Jahre in die Zukunft blicken und das dann meiner Klasse präsentieren«, meint Lisa schüchtern. »Kannst du mir helfen?« »Das ist ja ein hoch spannendes Thema, Lisa. Klar kann ich dir helfen. Du hast Glück, ich bin erst letzte Woche von einer Zukunftsmesse aus Kalifornien zurückgekommen. Dort habe ich von den neuesten Megatrends gehört. Das hat mich unglaublich fasziniert. Was sich alles davon bewahrheitet, werden wir sehen. Aber die Perspektiven sind großartig«, antwortet Felix begeistert.

Megatrend »künstliche Intelligenz« – das Ende der Dummheit?

Sonntag, 10:00 Uhr: »Den ersten Megatrend würde ich als das Ende der Dummheit bezeichnen«, sagt Felix mit lachender Miene. Lisa schaut verdutzt. »Damit meine ich nicht die menschliche Dummheit. Die wird weiterhin existieren.« Er fährt augenzwinkernd fort: »Ich meine die Dummheit der Maschinen. Seit der Erfindung des Computers wurde uns immer gesagt, dass unsere Arbeit durch diese Rechner weniger werden wird. Das war eine Lüge, denn dem Computer fehlte bisher eine essenzielle Sache: eine eigene Intelligenz. Die Tragweite der Innovation der künstlichen Intelligenz (KI) wird größer sein als die Erfindung der Dampfmaschine. Schon um das Jahr 2024 werden die meisten von uns, und auch du als Studentin, einen persönlichen, digitalen Assistenten haben. Dieses Programm wird für uns die Steuer erledigen, E-Mails lesen und uns darüber eine Zusammenfassung schicken. Der digitale Assistent wird für uns Telefonkonferenzen organisieren, Flüge buchen und uns den Backofen vorheizen, bevor wir nach Hause kommen. Er wird uns Vorschläge machen, mit wem wir wann in welches Restaurant essen gehen können und wird uns dann vorab einen Tisch reservieren. Und das sind nur die leichtesten Aufgaben, die diese kleinen digitalen Helfer erledigen können. Immer wiederkehrende, gleichbleibende Arbeiten, die heute noch der Mensch macht, werden durch künstliche Intelligenz ersetzt. Das wird nicht nur Taxifahrer treffen, sondern zum Teil auch Sachbearbeiter, Notare, Ärzte, Banker und viele mehr. Dadurch gewinnt der Mensch mehr frei verfügbare Zeit und kann sich um die wirklich wichtigen Dinge des Lebens kümmern. Natürlich wird diese fortschreitende Automatisierung nicht jedem schmecken. Jedoch hat jede Innovation bisher langfristig mehr Arbeitsplätze erschaffen, die davor noch nicht im Ansatz vorstellbar waren. Simulationen, Planung, Konstruktionen und vieles mehr werden mithilfe der künstlichen Intelligenz schneller und der Mensch dadurch produktiver. Das ist auch nötig, denn die Herausforderungen, allein nur durch den Klimawandel, sind enorm«, meint Felix. »Dazu zählt wahrscheinlich auch der Autoverkehr, oder?«, fragt Lisa neugierig.

Megatrend »Mobilität« – sitzen wir bald alle auf der Rückbank?

Sonntag, 10:16 Uhr: »Genau, Lisa«, antwortet Felix und sagt: »Die Fortbewegungsmittel der Zukunft sind rollende oder fliegende Computer, angetrieben durch umweltschonende Kraftstoffe. Viele werden jedoch gar kein Auto mehr besitzen, da es keinen Sinn mehr ergibt, viel Geld dafür auszugeben. Die Suche nach einem Parkplatz, die teure Versicherung, Wartung und Reparaturen sind für die junge Generation keine Option mehr. Die Mobilität der Zukunft funktioniert auf Knopfdruck, günstig, jederzeit und überall. Stell dir vor, Lisa, in ein paar Jahren wirst du mit Telefon, Armbanduhr oder Brille ein Auto bestellen können.« Lisa erwidert: »Stimmt, Pizza bestellen geht ja heute auch schon sehr einfach und schnell.« Felix lächelt und fährt fort: »Du ziehst deine Schuhe an und das fahrerlose Auto oder Flugtaxi wartet schon vor der Tür. Es bringt dich, wohin du willst. Am Ziel steigst du einfach aus, ohne einen Parkplatz suchen zu müssen. Zudem kostet die Fahrt nur einen Bruchteil von dem Preis heute. Abgerechnet wird automatisch und kontaktlos. Das Auto fährt dann selbstständig nach Bedarf in die Ladestation und lädt sich auf. Bestenfalls in der Nacht, denn da ist der Strom billiger. Das Auto ist immer frisch geputzt, denn in der Ladestation steht auch noch ein vollautomatischer Putzroboter. Der Strom stammt zum großen Teil aus erneuerbarer Energie. Bis dahin wird sie zu einem Bruchteil der heutigen Kosten erzeugbar sein. Fossile Brennstoffe wie Öl, Gas und Kohle gehören der Vergangenheit an. Es wird alles ein paar Jahrzehnte dauern. Die entscheidende Komponente bei der Elektromobilität ist die Batterie. Ihre Herstellung hat sich in den letzten Jahren enorm verbessert und wird in den nächsten Jahren so weit sein, dass ein Elektrofahrzeug billiger sein wird als eines mit Verbrennungsmotor. Das Elektroauto hat noch einen Vorteil. Auf der ganzen Welt wird auch ein Heer an mobilen, untereinander vernetzten Batterien miteinander kommunizieren, welche Energie – je nach Bedarf – an ein intelligentes Stromnetz abgegeben oder daraus aufgenommen werden kann. Von Drohnen, Wasserstofftechnologien, 3-D-Druck und vielem mehr erzähle ich dir ein anderes Mal. Das sind alles sehr spannende Themen«, meint Felix.

Megatrend »die Zukunft is(s)t vegan«

Sonntag, 10:22 Uhr: »Isst du Fleisch, Lisa?«, fragt Felix. »Nein. Ich bin Vegetarierin. Ich hab aber auch nichts gegen Fleischesser. Jeder soll das essen, was ihm schmeckt«, meint Lisa. Felix fährt fort: »In den USA habe ich die Zukunft der Ernährung und Nahrungsmittelproduktion kennengelernt.« Lisa lauscht aufmerksam. »Der weltweite Fleischkonsum wird bis 2050 voraussichtlich um 73 % steigen. Mit den herkömmlichen Mitteln der Fleischproduktion, wie wir sie heute kennen, ist dieser Anstieg nicht möglich. Dazu reichen unsere Ressourcen auf der Erde einfach nicht aus. Wenn wir unseren Planeten nicht komplett zerstören wollen, ist ein Umdenken erforderlich. Die Zukunft liegt im veganen Fleisch«, erzählt Felix. »Wie bitte? Was soll das denn sein?«, fragt Lisa verblüfft. Felix antwortet: »Man versucht den Fleischgeschmack mithilfe der Lebensmitteltechnologie zu simulieren. Man isst also pflanzlich, hat aber den Eindruck, Fleisch zu essen. Schon heute schneiden vegane Burger in Blindverkostungen besser ab als herkömmliche Rindfleischburger. Ich habe schon einen dieser Burger probiert und war hellauf begeistert. Er wird komplett aus Pflanzen hergestellt und steht dem Original in Konsistenz, Geschmack und Aussehen in nichts nach. Er schmeckt sogar saftig. Schon bald kann jedes tierische Produkt pflanzlich imitiert werden. Die Produktionskosten werden günstiger sein, als Tiere teuer und klimaschädlich aufzuziehen, zu schlachten und daraus dann Nahrungsmittel zu produzieren. In Zukunft werden wir auch viel Protein aus Insektenmehl zu uns nehmen. Vom In-vitro-Fleisch, also dem Züchten von Fleisch aus Muskelzellen im Labor ganz zu schweigen. Es wird in der Zukunft vier Arten von Konsumenten geben: Veganer, Vegetarier und Fleischesser. Die vierte Gruppe besteht aus Konsumenten, die Fleisch essen, für das aber kein Tier getötet werden muss«, erzählt Felix enthusiastisch. »Und wo kommen die ganzen Pflanzen her für das künstliche Fleisch?«, fragt Lisa.

Megatrend »vertikale Bauernhöfe« – wie bitte?

Sonntag, 10:28 Uhr: »Aus Hochhäusern!«, antwortet Felix. Lisa versteht die Welt nicht mehr. Felix erzählt weiter: »Schon heute sehen wir, dass Landwirte zusehends mit den Folgen des Klimawandels zu kämpfen haben. Es regnet viel unbeständiger als früher, das macht die Planung für Landwirte unsicher. Die Zukunft der Landwirtschaft ist vertikal. Stell dir vor, du baust ein Hochhaus, 100 Meter hoch, jedoch hat jedes Stockwerk nur 80 Zentimeter. In diesen großen, voll automatisierten Gewächshäusern werden für die Megastädte der Zukunft Grünpflanzen, Obst und Getreide hergestellt. Das funktioniert an fast jedem Ort, auf jedem Kontinent und zu jeder Zeit. Gesteuert und überwacht von künstlicher Intelligenz bekommen die Pflanzen immer das richtige Licht für das optimale Wachstum. Es herrscht ein perfektes Mikroklima durch künstlichen Regen und das Hochhaus verbraucht daher 96 % weniger Wasser als die Bepflanzung unter freiem Himmel. Der Anbau, frei und unabhängig von jeglichen Jahreszeiten oder Wettereinflüssen, ist an 365 Tagen im Jahr voll automatisiert möglich. Man verbraucht kaum Wasser. Die Energie kommt von Solarkollektoren an den Außenflächen, die energiesparende LED-Lampen im Inneren mit Strom versorgen. Mithilfe spezieller Beleuchtung können auch Inhaltsstoffe wie zum Beispiel krebshemmende Stoffe im Gemüse deutlich erhöht werden. Automatische Kameras beobachten das Wachstum, Roboter übernehmen die Ernte. Neben diesen ›Vertical Farms‹ stehen Fischzuchtanlagen, da das Fischfutter durch die Pflanzenproduktion schon vorhanden ist. Auch wegen geringer Transportwege werden diese Produkte ab spätestens 2030 günstiger sein als konventionell hergestellte. Das ist auch nötig, denn im Jahr 2030 wird die Hälfte der Weltbevölkerung übergewichtig sein. Diese Tatsache verlangt nach Lösungen, die Menschheit günstig, gesund und klimaverträglich zu ernähren«, erklärt Felix voller Hoffnung. »Ich glaube hier ist vor allem Aufklärung über gesunde Ernährung nötig«, sagt Lisa besorgt. »Da hast du völlig recht, Lisa. Wir sollten allerdings auch über die krankmachenden industriell gefertigten Nahrungsmittel sprechen, die der Großteil der Menschen immer noch zu sich nimmt. Wer mehr weiß, kann besser entscheiden. Aufklärung brauchen wir auch beim Megatrend ›Blockchain und Bitcoin‹.«

---

[1] ***Digitale Wertmarke:*** *Sie verbrieft gewisse Ansprüche oder Rechte an z. B. Aktien, Immobilien oder sonstigen Gegenständen, die über die Blockchain direkt von einer Onlinebrieftasche auf eine andere übertragen werden können.* ▶

Megatrend »Blockchain« – die neue abstrakte Welt des Algorithmus

Sonntag, 10:37 Uhr: »Eine inländische Überweisung dauert ein bis drei, eine internationale bis zu sieben Tage. Sie kostet bis zu 7 % des zu überweisenden Betrages. Das zentral gesteuerte Zahlungssystem ist langsam und teuer, da Haus-, Korrespondenzbanken und eine internationale Prüfstelle bei dem Vorgang mitverdienen. Wir Bürger sind diesem Bankenmonopol vollständig ausgeliefert. Bei digitalen Währungen ist das anders«, erzählt Felix. »Was sind digitale Währungen überhaupt?«, fragt Lisa. »Das sind mehrstellige Buchstaben- und Zahlenreihen. Sie gewährleisten Überweisungen in Sekunden und das zu einem Bruchteil der Kosten, ohne auf Banken und andere Finanzinstitute vertrauen zu müssen. Digitale Währungen wie Bitcoin und andere können von der Onlinebrieftasche des einen direkt zur Onlinebrieftasche des anderen auf der ganzen Welt übertragen werden. Alle Transaktionen werden in einem elektronischen Kassenbuch in Blöcken festgehalten. Die Richtigkeit jeder Transaktion wird von einem weltweiten Netzwerk aus Tausenden überwachenden Rechnern geprüft und dezentral und unveränderbar in einer Kette aus diesen Blöcken abgespeichert. Die Überweisung wird so noch sicherer als bisher. Diese neue Technologie ist revolutionär, ähnlich der Erfindung der Aktiengesellschaft 1602«, versichert Felix und ergänzt: »Bitcoin und andere digitale Währungen sind aufgrund ihres Algorithmus nicht beliebig vermehr- und kopierbar und erfüllen nicht nur Tausch-, Aufbewahrungs- und Rechenfunktion, sondern können sogar Rechte an einem Vermögenswert wie z. B. einer Immobilie oder einer Aktie in eine ***digitale Wertmarke*** [1)] verwandeln. So könnte sich jeder auf der ganzen Welt mit ein paar Euros an einem Kunstwerk, einem Windpark in der Nordsee oder an Krankenhäusern in Entwicklungsländern beteiligen.« »Das hört sich ja cool an. So kann ich mich mit meinen 2.000 € an spannenden Projekten auf der ganzen Welt beteiligen?«, fragt Lisa. »Bald, teilweise geht das heute schon, und das ist nicht der einzige Vorteil«, erwidert Felix. »Stell dir vor, die Bahn verspätet sich. Du hast Anspruch auf Rückerstattung. Um das Geld zu bekommen, musst du Formulare ausfüllen und ärgerst dich. Über sogenannte schlaue Verträge kann dieser Prozess voll automatisiert werden. Ohne dein Zutun und in kürzester Zeit hättest du den Rückerstattungsbetrag auf deinem Konto. Fast jeder weiß, wie hoch Notarkosten beim Immobilienkauf sind. Die notwendigen rechtlichen Aspekte könnten in schlauen Verträgen festgelegt und der Eigentumsübertrag zu einem Bruchteil der Kosten und ohne Notar vollzogen werden. Das sind nur einige Beispiele. Die Produktivitätssteigerung zeigt sich außerdem beim mobilen Bezahlen«, erwähnt Felix.

Megatrend »mobiles Bezahlen« – lebe wohl, Bargeld!

Sonntag, 10:42 Uhr: »Wir Deutschen sparen nicht nur wie im Mittelalter. Wir bezahlen auch so, mit Bargeld. Paradoxerweise ärgern sich zwei Drittel, nicht überall bargeldlos bezahlen zu können. Typisch deutsch. Jammern, aber nichts verändern wollen«, meckert Felix und ergänzt: »Je kleiner der Betrag, desto öfter erfolgt der Griff zur Brieftasche, gerade bei den über 60-Jährigen. Die Mehrheit der Bundesbürger meint, mobiles Bezahlen erleichtert den Einkauf. Gleichzeitig sind aber die meisten besorgt über ihre persönlichen Daten. Die Hälfte denkt außerdem, dass beim Bezahlvorgang sensible Daten über das Internet verschickt werden.« Lisa schüttelt überrascht den Kopf: »Ich habe mal gelesen, dass auf dem Handy nur eine speziell generierte Nummer gespeichert wird, die weder irgendwo aufgedruckt, noch auslesbar ist, stimmt das?« Felix antwortet: »So ist es. Diese Nummer kann ausschließlich vom zugehörigen Mobiltelefon verwendet werden. Die Zahlungsdaten werden mithilfe der Nahfunktechnologie (NFC) direkt und ohne Internet an das Lesegerät des Händlers übertragen. Die Kreditkartenfirma erhält bei diesem Vorgang die Transaktionsdaten, aber keinerlei Informationen zu den gekauften Produkten«, sagt Felix und spricht weiter: »69 % der deutschen Kunden, die sich aktuell noch zurückhalten, denken dennoch, dass in fünf Jahren das kontaktlose Bezahlen alltäglich sein wird. Dass es auch jetzt schon anders geht, zeigen die Schweden. Der Umsatz im Einzelhandel läuft zu 95 % bargeldlos und insgesamt wird zu 80 % digital bezahlt.« Lisa fragt: »Ich habe gelesen, dass Schweden 2030 als erstes Land das Bargeld abschaffen will. Ist das denn wahr?« Felix antwortet: »Ja, was selbstverständlich Vor- und Nachteile mit sich bringt. Cyberkriminalität nimmt zu, Raubüberfälle auf Banken und Geldtransporter nehmen ab und der Kunde wird gläsern. Auch in diesem Fall könnte die ›Blockchain-Technologie‹ Abhilfe durch Anonymisierung der Daten schaffen und mehr Sicherheit durch dezentrale Speicherung gewährleisten. Denn Banken wären obsolet. Neben den Schweden sind auch die Chinesen und Afrikaner führend beim kontaktlosen Bezahlen. 80 % der Chinesen bezahlen mindestens einmal im Halbjahr per Handy, in Deutschland hingegen sind es 10 %. Die Zahl der Transaktionen mit dem Mobiltelefon in Afrika betrug im Jahr 2019 23,8 Mrd., in Südasien 7,3 Mrd. und in Europa gerade einmal 200 Mio. Unsere Rückständigkeit birgt ein ungeahntes Aufholpotenzial. Es bleibt abzuwarten, inwieweit die Möglichkeit, kontaktlos zu bezahlen, durch das Coronavirus beschleunigt wird.« »Sehr interessant, Onkel Felix. Was mich persönlich noch ein bisschen beängstigt, sind menschgewordene Roboter. Im Film ›Terminator‹ sind sie dem Menschen überlegen. Kannst du mir hierüber auch etwas erzählen?«, fragt Lisa.

Megatrend »Roboter in menschlicher Gestalt« – eine Gefahr?

Sonntag, 10:49 Uhr: Felix muss schmunzeln: »Ich kann mir nicht vorstellen, dass Roboter schon in zehn Jahren so weit sind. Was wir aber sehen werden, sind humanoide Roboter. Sie haben ein menschliches Aussehen, sind mobil durch Arme und Beine und besitzen künstliche Intelligenz. Bisher kennen wir nur Industrieroboter, die vieles schneller machen als der Mensch. Sie sind nicht flexibel und in großen Hallen untergebracht. Staubsauger- und Mähroboter sind die ersten Roboter für den Haushalt. Dieser Trend wird sich in den nächsten Jahren massiv verstärken. Sie werden die Hausarbeit deutlich erleichtern und uns 80 % aller Tätigkeiten im Haushalt oder in der Pflege abnehmen können. Und das schon in den nächsten fünf Jahren.« »Haben wir dann sozusagen einen Butler für zu Hause?«, will Lisa wissen. Felix erwidert: »Ja genau. Er räumt dir die Spülmaschine ein und aus, perfekt sortiert. Er reinigt den Flur und räumt die lästigen Spielsachen deiner Brüder auf. Er macht die Toilette sauber und putzt die Fenster. Wenn er noch nicht Fensterputzen kann, lädst du einfach eine entsprechende App oder Software für wenig Geld aus dem Internet herunter. Um das Jahr 2030 wird der Markt für Roboter den Automobilmarkt überholt haben. In der westlichen Welt haben wir einen riesigen Notstand bei der Pflege von älteren Menschen. Hier können diese Roboter ebenfalls eingesetzt werden. Mit einem Pflegeroboter ist es durchaus denkbar, dass alte und demente Menschen nicht in ein teures Pflegeheim müssen, sondern in ihren eigenen vier Wänden bleiben können. Der Roboter übernimmt einen großen Teil der harten, körperlichen Arbeit. Ihm ist es egal, ob z. B. demente Patienten Dutzende Male am Tag das Gleiche erzählen. Da der Roboter günstiger sein wird als der Platz im Pflegeheim, werden die Kranken- und Pflegekassen das bestimmt unterstützen. Dennoch ist nicht alles Gold, was glänzt. Es bleibt zu hoffen, dass die neuen Technologien langfristig auch zum Wohl von Mensch, Natur und Umwelt eingesetzt werden. Selbstverständlich besteht die Gefahr, dass große Technologiekonzerne und Regierungen zum Nachteil von uns Menschen agieren. So wie immer im Leben bleiben Licht und Schatten verbunden mit der Hoffnung, dass mehr Licht als Schatten für uns entsteht.«

Eine neue Welt voller Chancen und Möglichkeiten

Sonntag, 19:00 Uhr: Der Professor ist wieder zurück in seinem Geldlabor und hört den Anruf eines begeisterten Lesers seines Artikels in der Sonntagszeitung ab. Die Bedenken des Anrufers beziehen sich auf die Zukunft der Weltwirtschaft: Es sei ja alles schön und gut, was der Professor zu Papier gebracht habe. Aufgrund der aktuellen Lage in der Weltpolitik, der unglaublichen Schuldenorgie der Staaten sowie der ungewissen Zukunft des Euros und der Börsen, sei er sich aber nicht sicher, ob das alles gut gehen könne. Der Professor kennt die Verunsicherung seiner Leser genau und hat entsprechende Antworten im Kopf. Deshalb beschließt er, die Antworten in Form von Blog-Einträgen auf seiner Website aufzuschreiben. Er beginnt seine Gedanken in Worte zu fassen. Er berichtet über das größte Infrastrukturprojekt aller Zeiten, angetrieben von der neuen Weltmacht China. Außerdem stellt er dar, dass Aktien attraktiv bewertet sind und langfristig, egal was passiert, zu den Gewinnern gehören werden und alles von uns Konsumenten abhängt.

Schlafen
Radio / TV
Essen
Kochen
Telefon
E-Mails löschen
Lachen
Geldanlage
18.114 €
15.631 €
22.481 €
27.367 €
47.715 €
138.117 €
Inflations-Ausgleich
Sparbuch
Wohn-immobilien
Gold
Anleihen
DAX
KASSE
VERMÖGEN
% € £ $ ¥

	Deutschland	Japan	Eurozone	USA	China
Anteil an Weltwirtschaft	3,4 %	4 %	**12 %**	**15,7 %**	**18,3 %**
Wachstum Ø 2012 – 2021	1,1 %	0,7 %	0,9 %	1,8 %	7,3 %
Staatsschulden 2020	70 %	254 %	99 %	134 %	66 %
Bevölkerung	83 Mio.	126 Mio.	342 Mio.	331 Mio.	**1,4 Mrd.**

Quelle: IWF 2021, *nach Kaufkraft ▶

China – die unaufhaltsame Wirtschaftsmacht

Sonntag, 19:20 Uhr: Noch 1995 war die Wirtschaftsleistung der Europäischen Union fünf Mal größer als die der Volksrepublik China. Heute hat China die Wirtschaftsmacht Nummer eins USA bereits überholt*. Der ehemalige US-Präsident Barack Obama sagte: »Das 21. Jahrhundert wird das Pazifische sein.« Aus dem eurasischen Raum, also dem asiatischen Teil Europas und der asiatisch-pazifischen Region entsteht mit China ein neues Zentrum der Weltwirtschaft. Zu Beginn des 19. Jahrhunderts dominierten Europa und Nordamerika den Rest der Welt. In den 1980er-Jahren war ein Durchschnittsamerikaner 70 Mal reicher als der Durchschnitt aller Chinesen. Schon heute ist das Pro-Kopf-Einkommen an der reichen Ostküste Chinas vergleichbar mit dem des Westens. Um das Jahr 1913 beherrschten elf westliche Nationen die Hälfte der Erdoberfläche und sorgten für 80 % der Wirtschaftsleistung auf dem Globus. Dieser Pfad hat sich in Richtung Osten verschoben. Heute wachsen die Volkswirtschaften der aufstrebenden Länder, mit China als unangefochtenem Anführer, mit rund 4 – 6 % pro Jahr, beheimaten 88 % der Weltbevölkerung und stehen für 60 % der Weltwirtschaftsleistung. Zudem besitzen sie 70 % aller weltweiten Devisenreserven, erzielt durch hohe Exportüberschüsse. Die bisherige Werkbank der Welt verkauft mehr Waren ins Ausland als sie einführt. Bis 2039 will China Weltmarktführer in Schlüsseltechnologien sein. Bei den weltweiten Patentanmeldungen sind die Chinesen schon jetzt an der Spitze. Deutschland liegt leicht rückläufig auf Platz vier. 1983, als sich China dem Kapitalismus langsam öffnete, löste es eine noch nie da gewesene ökonomische Entwicklung und das größte Armutsbekämpfungsprogramm in der Geschichte der Menschheit aus. Hunderte Millionen Chinesen zogen vom Land in die Städte auf der Suche nach Arbeit und Wohlstand. Länder, die heute noch arm sind, werden versuchen, es China nachzumachen. Aber die USA haben noch einen Trumpf, den US-Dollar. Er ist nach wie vor die dominierende Weltleitwährung, mit der global investiert, gespart und gekauft wird. Das beschert den USA eine permanente Nachfrage nach ihrer Währung und ermöglicht ihnen eine nahezu grenzenlose Verschuldung. Die EU und so auch Deutschland muss aufpassen, nicht zwischen den Fronten dieser zwei Supermächte erdrückt zu werden. Einigkeit innerhalb des europäischen Kontinents ist mehr gefragt denn je. Obwohl die Eurozone mit 342 Mio. Einwohnern die drittgrößte Volkswirtschaft der Welt ist, verhält sie sich nicht so. Mit einer Bevölkerung von über 1,4 Mrd. Menschen in China und 1,3 Mrd. in Indien ist heute schon klar, wer langfristig die Strukturen der Welt bestimmen und dadurch an wirtschaftlicher und politischer Macht dazugewinnen wird.

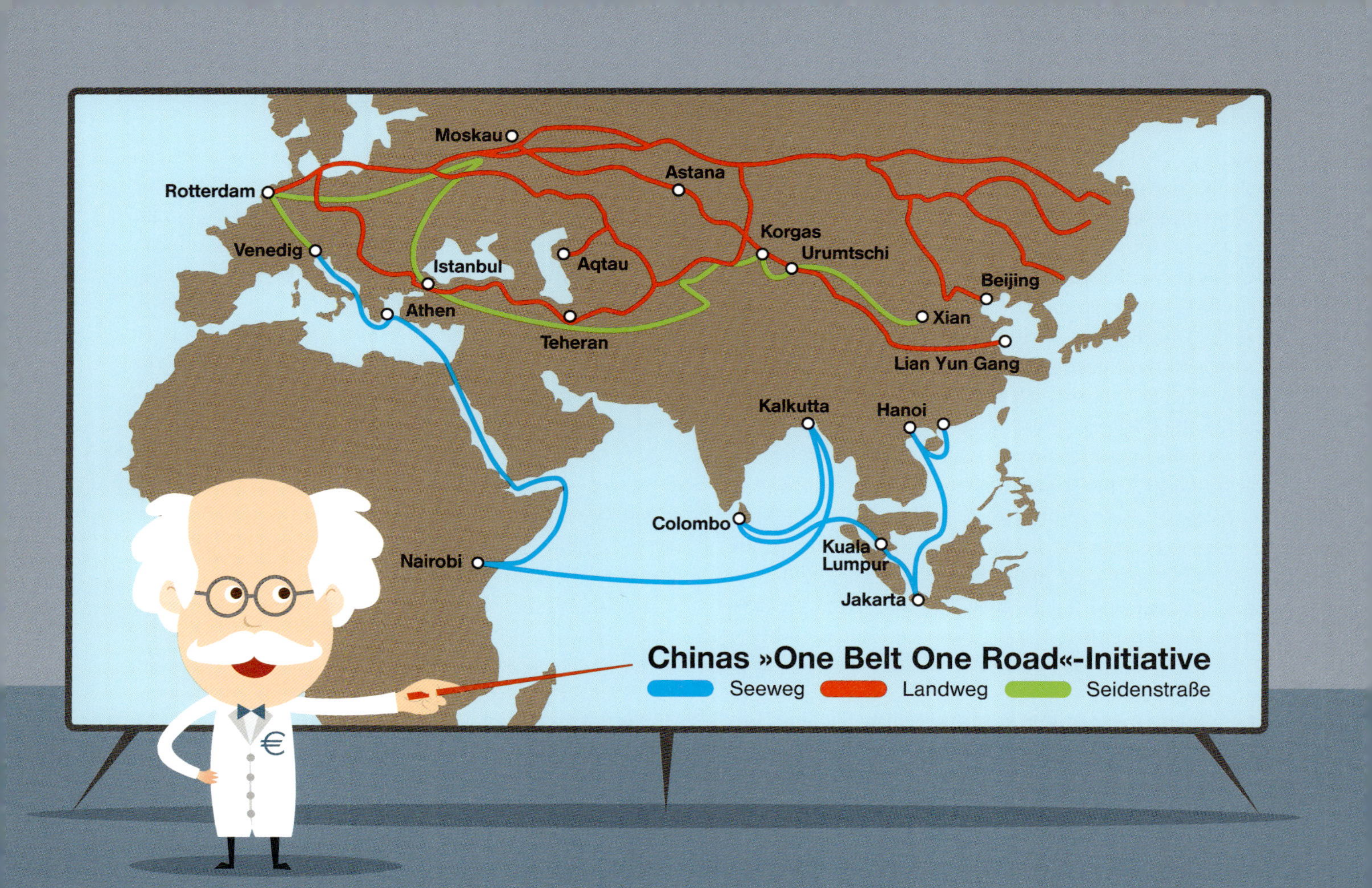
Moskau
Astana
Rotterdam
Korgas
Urumtschi
Venedig
Istanbul
Aqtau
Beijing
Athen
Xian
Teheran
Lian Yun Gang
Kalkutta
Hanoi
Colombo
Kuala Lumpur
Nairobi
Jakarta
Chinas »One Belt One Road«-Initiative
Seeweg
Landweg
Seidenstraße

Die neue Seidenstraße – das größte Infrastrukturprojekt aller Zeiten

Sonntag, 19:31 Uhr: »Eine der größten Chancen sowohl für entwickelte als auch für aufstrebende Länder im kommenden Jahrzehnt wird die neue Seidenstraße sein«, schreibt der Professor in seinem neuen Blog. Die Seidenstraße war vor Hunderten von Jahren ein 6.400 Kilometer langes Geflecht aus Handelsrouten und Karawanenstraßen von Europa nach Ostasien. Die Volksrepublik China will das Spinnennetz neu entwickeln und neben Land- und Seewegen auch Schienen- und Luftpassagen einschließen. Dieses Investitionsprogramm kann als eines der größten Infrastrukturprojekte aller Zeiten bezeichnet werden. Die Chinesen investieren mehr als 1,1 Billion US-Dollar in Straßen, Schienen, Häfen, Pipelines und Flughäfen zwischen Europa, Asien, Afrika und dem arabischen Raum. Insgesamt sind global über 60 Länder beteiligt, die einen wesentlichen Teil der Weltwirtschaft repräsentieren. Durch den Anschluss dieser Region von China über Pakistan nach Kenia, von Kasachstan über Moskau bis nach Rotterdam werden innerhalb der kommenden zehn Jahre rund 60 % der Weltbevölkerung an die Weltwirtschaft angebunden. Menschen, die aktuell keinen Zugang zu Strom, fließend Wasser, Internet und Schulbildung haben, werden somit in den nächsten Jahrzehnten Teil und Wachstumstreiber der Weltkonjunktur werden. Selbstverständlich verfolgt die chinesische Regierung eigene Ziele. Sie sichert sich langfristige Pachtverträge für Häfen und weitet ihren Einfluss in vielen der beteiligten Staaten aus, ähnlich wie es die USA, Großbritannien, Japan, Deutschland und andere Großmächte in ihren jeweiligen Einflussbereichen in der Vergangenheit taten und teilweise auch heute noch so praktizieren. Der Marshallplan zum Wiederaufbau Europas nach dem Zweiten Weltkrieg hatte zur damaligen Zeit ähnliche Dimensionen. Die Erholung und die Wiederkehr des Wohlstands auf dem zerstörten Kontinent brachte einen unvergleichlichen wirtschaftlichen Aufschwung in nahezu der ganzen Welt. Deutschland profitiert bereits von der neuen Seidenstraße. Das prominenteste Beispiel ist die neu verknüpfte Eisenbahnverbindung, die in der chinesischen Megacity Chongqing beginnt und am Duisburger Hafen endet. Mittlerweile kommen jede Woche chinesische Waren in Dutzenden von Frachtzügen im größten europäischen Binnenhafen Duisburg an. Und das ist erst der Anfang.

Durch Doping in die neue Normalität – wo endet das?

Sonntag, 19:45 Uhr: Professor Money kommt ins Schwitzen. Sein E-Mail-Postfach quillt laufend über. Immer wieder prasseln Nachrichten auf ihn ein, wie z. B.: »Aktien, Immobilien und Gold sind maßlos überbewertet und viel zu teuer. Es muss doch zu einem finalen Crash kommen« und dergleichen. Der Professor muss schmunzeln, denn er hat sich über diese Fragen schon sehr lange den Kopf zerbrochen. »Um die heutigen und zukünftigen Bewertungen von Anlageklassen richtig einschätzen zu können, bedarf es eines Blicks auf die Olympischen Spiele«, schreibt er. »Während vor Jahrzehnten viele der Profisportler noch geringe Mengen an Dopingmittel verabreicht bekamen, wurde die Dosis im Laufe der Zeit schleichend erhöht und führte zur immer höheren Leistungen der Athleten. Über die Jahre wurden gewisse leistungssteigernde Substanzen von allen teilnehmenden Ländern toleriert. Ganz nach dem Motto: Wenn mein Nachbar das macht, mache ich das auch. Durch diese Akzeptanz wurde eine neue Normalität geboren. Denselben Effekt lösten die Notenbanken weltweit nach der Finanzkrise 2008 aus, der in der Coronakrise 2020 noch verstärkt wurde. Durch das Drucken von immer mehr Geld durch die Notenbanken sank der Preis des Geldes auf null. Der Geldüberhang fließt seitdem in reale Werte, vornehmlich in Immobilien, Grund und Boden, Aktien, Gold und sonstige materielle Werte sowie Krypto-Vermögenswerte. Folglich erhöhten sich deren Preise wie die Leistungen der gedopten Sportler bei Olympia. Daraus entstand eine neue Normalität in der Bewertung. Das Preisniveau passte sich den neuen Rahmenbedingungen an. Wer vor der Finanzkrise ein Darlehen von 200.000 € aufnahm, musste Zinsen in Höhe von ca. 10.000 € p. a. (5 %) bezahlen. Heute hingegen, in der neuen Normalität, sind schon mindestens 400.000 € Darlehen für eine vergleichbare Immobilie nötig. Dafür zahlt man jedoch nur 4.000 € p. a. Zinsen (1 %). Während es in der alten Welt vor der Finanzkrise normal war, einen Kaufpreis in Höhe der 15- bis 20-fachen Jahresmiete zu bezahlen, liegt der Preis in der neuen Normalität bei der 30- bis 50-fachen Jahresmiete, in beliebten Großstädten sogar noch höher, und es scheint kein Ende in Sicht zu sein. Die pauschale Aussage, alles sei überbewertet, ist relativ. Man muss schon genauer hinschauen. Anders als bei Immobilien ist das Preisniveau bei

[1] ***KGV:*** *Kurs-Gewinn-Verhältnis, Kennzahl zur Bewertung von Aktien; drückt aus, mit dem Wievielfachen des Jahresgewinns ein Unternehmen heute bewertet ist; Stand Juli 2020* ▶

www.professor-money.de/b-nnor

Aktien kaum gestiegen. Die letzten 50 Jahre lag das ***KGV***[1)] der 1.650 größten Unternehmen weltweit bei knapp 18, heute dagegen gerade einmal bei 19. Das global initiierte Doping entfachte die letzten Jahre bei den Immobilien einen wahren Boom. Bei Aktien scheint noch viel Potenzial nach oben zu sein. In den Siebzigern hatten die Anleger Angst vor Überschuldung und Inflation und legten ihr Geld lieber in Aktien an. Dafür waren sie sogar bereit, das 60- bis 80-fache des Jahresgewinns der Aktien zu bezahlen.« Damit schließt der Professor seinen Blog. Er zwirbelt an seinem Bart und murmelt: »Wer das jetzt erkennt, wird langfristig zu den Goldmedaillengewinnern zählen.«

Die alles entscheidende Frage lautet …?

Sonntag, 20:02 Uhr: Professor Money holt zum Schlussplädoyer aus: »Wer sein Geld gewinnbringend, sicher und sorgenfrei anlegen möchte, sollte sich im Prinzip nur eine einzige Frage beantworten: ***Was müsste passieren, dass unser weltweites Wirtschafts- und Finanzsystem nicht mehr funktioniert und alle Anlageformen ohne Ausnahme wertlos würden?*** Wir hatten im letzten Jahrhundert Hungersnöte, Pandemien, zwei Weltkriege mit Millionen von Opfern und einem völlig zerstörten Europa. Es war entsetzlich und grausam. Dennoch haben die verantwortlichen politischen Regime nach Jahren des Leids ihr Ende gefunden und der Wiederaufbau begann. Aus brachialer Zerstörung entstand Schaffenskraft und das deutsche Wirtschaftswunder. Hyperinflation, Währungsreformen, Öl-, Banken-, Schulden- oder Wirtschaftskrisen haben uns heimgesucht. Dennoch ließen sich die Menschen davon nicht beeindrucken und sind daraus stärker hervorgegangen als jemals zuvor. Bedauerlicherweise mit oft verheerenden menschlichen, ökologischen sowie wirtschaftlichen Kollateralschäden. Selbst Staatsbankrotte führten nicht zum Untergang der Menschheit. Zugegeben, wenn 100.000 Atombomben auf die Erde abgeworfen werden, stehen wir im apokalyptischen Endstadium. Es gibt also reichlich Argumente, warum der endgültige wirtschaftliche Untergang vor der Tür steht. Wenn man sie näher betrachtet, sind sie allerdings nicht wirklich tragfähig. Um also die Eingangsfrage zu beantworten, kann schlussendlich nur eines passieren: ***dass zeitgleich und dauerhaft niemand mehr auf der ganzen Welt konsumiert!*** Erst dann ist unsere Wirtschaft, unser Wohlstand, unsere Demokratie und letztlich der Frieden am Ende. Mal angenommen, die ganze Menschheit verzichtet permanent auf Reisen per Auto, Bahn, Schiff und Flugzeug, auf Surfen im Internet, auf Telefonieren mit Freunden, Wohnen in Immobilien, Körperpflege und Lebensmittel aus dem Supermarkt, dann bräuchten wir weder Banken noch Geld und der Rückschritt ins Neandertal wäre vorprogrammiert. Doch wie hoch ist die Wahrscheinlichkeit, dass dieses düstere Szenario eintritt? Die Tendenz geht gegen null. Egal was in der Zukunft passiert, ob Währungen kommen oder gehen. Der Konsum bleibt, und so ist dein Geld bei entsprechender Streuung sicher. Die Menschheit und das Wirtschaftsrad bleiben nicht stehen. Wir entwickeln uns stets weiter, da wir einen Schöpferdrang in uns tragen und unseren Wohlstand und damit unsere Lebensqualität erhöhen wollen.

www.professor-money.de/b-daef

Derzeit wächst die globale Bevölkerung jährlich um 80 Millionen Menschen. Es kommt also jedes Jahr die Bevölkerung der Bundesrepublik Deutschland hinzu. Diese Menschen wollen wohnen, essen, unterhalten werden und vieles mehr. Aus diesem Bevölkerungswachstum entsteht Wirtschaftswachstum, das sich wiederum im Gewinnwachstum der Unternehmen widerspiegelt. Wovor sollten wir uns also fürchten? Die Wahrscheinlichkeit, dass sich die Weltwirtschaft weiterentwickelt, ist um ein Vielfaches höher, als dass sie untergeht. Denke immer daran und handle schlau.« Damit beendet Professor Money seinen Blog-Eintrag.

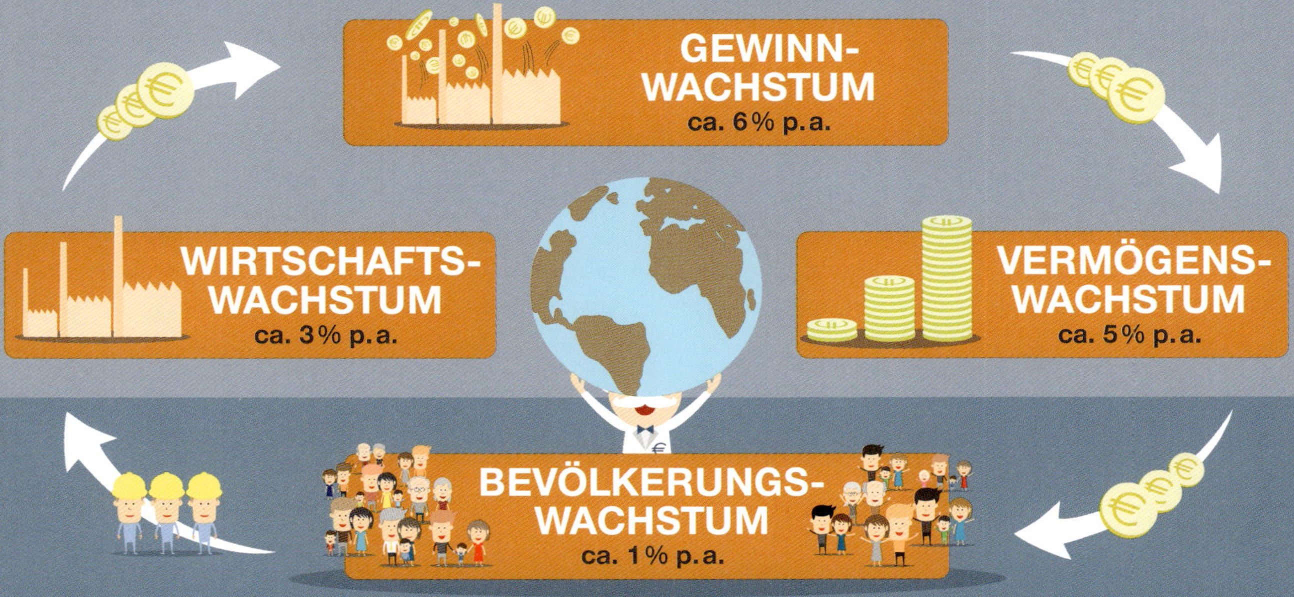

Wir Menschen sind die Basis des weltweiten Wachstums, Geldmengenwachstum vorausgesetzt.

Nachwort

»Lieber den Spatz in der Hand als die Taube auf dem Dach.« So denken viele Deutsche, wenn es um ihre Geldanlage geht. Allerdings wurde durch den Coronaschock im Jahr 2020 der schon vorher geltende Null- und Tiefzins auf lange Zeit zementiert. Unter dem aktuellen Euro-Geldsystem wird der Zins wohl nicht mehr zu alten Höhen von 4–6 % zurückkehren können. Der Spatz ist also tot. Mit der negativen Realverzinsung, also 0 % Zins plus Negativzinsen minus 2 % Inflation oder höher, schneidet sich der Sparer auf Dauer immer tiefere Wunden ins eigene Fleisch. Die schon jetzt vorhandene Erkenntnis, später nur noch die Hälfte seines Nettoeinkommens als gesetzliche Rente zu erhalten, gleicht einer kaum vorstellbaren und kollektiven Farce. Wer sich das nicht vorstellen kann, sollte einmal den Versuch unternehmen, einen Monat lang von 50 % seines Nettoeinkommens zu leben. Schon heute bitterer Alltag etlicher Rentner. Für viele wird diese Einbahnstraße zum Zwangsverkauf des eigenen hart ersparten Eigenheims führen, sofern vorhanden. Ein Ausblick, auf den man gerne verzichten möchte. Obwohl die fleißigen Deutschen immer mehr Geld auf die Seite legen, bleibt nach Inflation kontinuierlich weniger Vermögen.

Wir sind fest davon überzeugt, dass aus Mietern und Sparern Eigentümer und Anleger werden können und damit ein nachhaltiger Kulturwandel in Deutschland stattfinden wird. Denn Vertrauen beginnt mit Verstehen. Und wir trauen den Sparern zu, schlau und mündig genug zu sein, den ersten Schritt zu wagen. Es geht freilich weder von heute auf morgen, noch um alles oder nichts. Aber die Gewissheit, im Rentenalter ein finanziell abgesichertes und erfülltes Leben führen zu können, erleichtert schon heute.

So setzt du das gelernte Wissen um:

www.professor-money.de/b-nawo

Wir selbst handeln nach den Tugenden eines ehrbaren Kaufmanns. Menschlichkeit und Wirtschaftlichkeit stehen für uns daher nicht im Widerspruch, denn »verdienen« kommt immer noch von »dienen«. Es heißt oft: *»Die Einstellung zu Beginn einer Arbeit bestimmt deren Erfolg.«* Weg von der kurzfristigen Profitdenke hin zu verantwortungsvollem, nachhaltigem und langfristigem Handeln. Wer immer nur das tut, was er bisher getan hat, wird auch immer das bekommen, was er bisher bekam. Vielleicht denkst du jetzt: »Alles nur hohle Sprüche.« Mag sein. Dein finanzielles und persönliches Wirtschaftswunder liegt in jedem Fall in deinen Händen. Du entscheidest, wie du die finanziellen Weichen in deinem Leben stellst. Der Zug fährt. Mit oder ohne dich. Wir helfen dir, aufzuspringen. **PACKS AN! WENN NICHT JETZT, WANN DANN?**

Viel Spaß bei deiner Entscheidung
Sandro Fetscher und Christian Schüller

www.professor-money.de/b-quellen

Die Autoren

Sandro Fetscher
Den Grundstein für seine Karriere legte Sandro Fetscher mit dem Studium der Betriebswirtschaftslehre, Fachrichtung Marketing und Banken, an der Fachhochschule Pforzheim. Seit 20 Jahren arbeitet er im Finanzvertrieb und führte dabei schon mehrere Tausend Gespräche mit interessierten Sparern. Zudem brachte er in über 1.000 Seminaren und Vorträgen mehr als 30.000 Teilnehmern in einer sehr anschaulichen und einfachen Form die komplexe Welt der Finanzen näher. Sein großes Anliegen ist die Weiterbildung der Sparer und damit das Vertrauen in sich selbst, eigenständig die richtigen Entscheidungen zu treffen. Sandros Motto lautet: *»Geld ist nicht wichtig, aber es wird zu wichtig, wenn wir zu wenig davon haben.«*

Christian Schüller
Direkt nach seinem Studium in München und Austin, Texas, machte sich Christian Schüller in der Finanzbranche selbstständig, in der er seit über 10 Jahren tätig ist. Mit Erschrecken musste er immer wieder feststellen, wie wenig doch die Bevölkerung in Deutschland über das Thema Finanzen und die sichere und intelligente Geldanlage weiß, obwohl es doch so einfach ist. Aus diesem Grund entschied er gemeinsam mit seinem langjährigen Freund und Geschäftspartner, ein sehr klares und einfaches Buch zu schreiben. Denn mit einem Kind kann man auch nicht über Algebra sprechen, bevor es nicht die Grundrechenarten beherrscht. Christians Motto lautet: *»Ehrlichkeit währt am längsten.«*